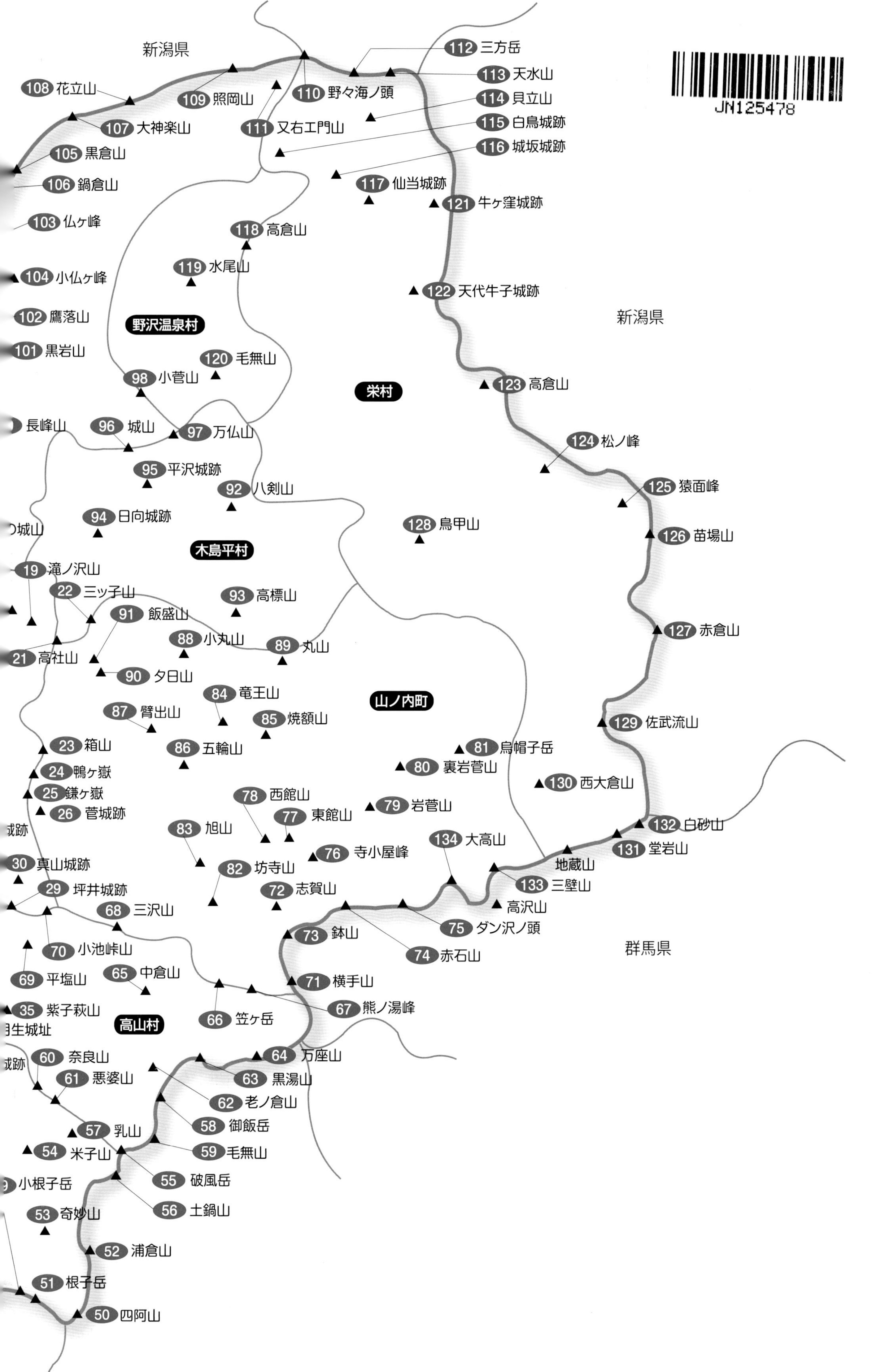

新潟県
108 花立山
109 照岡山
110 野々海ノ頭
111 又右エ門山
112 三方岳
113 天水山
114 貝立山
115 白鳥城跡
116 城坂城跡
117 仙当城跡
107 大神楽山
105 黒倉山
106 鍋倉山
103 仏ヶ峰
118 高倉山
121 牛ヶ窪城跡
119 水尾山
104 小仏ヶ峰
122 天代牛子城跡
新潟県
102 鷹落山
野沢温泉村
101 黒岩山
120 毛無山
98 小菅山
栄村
123 高倉山
長峰山
96 城山
97 万仏山
124 松ノ峰
95 平沢城跡
92 八剣山
125 猿面峰
94 日向城跡
128 鳥甲山
126 苗場山
木島平村
19 滝ノ沢山
22 三ッ子山
93 高標山
91 飯盛山
88 小丸山
89 丸山
127 赤倉山
21 高社山
90 夕日山
84 竜王山
87 臂出山
85 焼額山
山ノ内町
129 佐武流山
23 箱山
86 五輪山
81 烏帽子岳
24 鴨ヶ嶽
80 裏岩菅山
130 西大倉山
25 鎌ヶ嶽
78 西館山
79 岩菅山
26 菅城跡
77 東館山
132 白砂山
83 旭山
134 大高山
131 堂岩山
76 寺小屋峰
地蔵山
30 真山城跡
82 坊寺山
133 三壁山
29 坪井城跡
72 志賀山
高沢山
68 三沢山
75 ダン沢ノ頭
73 鉢山
群馬県
70 小池峠山
74 赤石山
69 平塩山
65 中倉山
71 横手山
35 紫子萩山
67 熊ノ湯峰
高山村
66 笠ヶ岳
60 奈良山
64 万座山
61 悪婆山
63 黒湯山
62 老ノ倉山
58 御飯岳
57 乳山
54 米子山
59 毛無山
55 破風岳
小根子岳
56 土鍋山
53 奇妙山
52 浦倉山
51 根子岳
50 四阿山
JN125478

新版 信州の山

ほぼ
全山掲載！
北部下巻

誰でも知っている里山から
マイナーな里山そしてアルプスまで網羅！

初心者からベテランまで役立つ、アプローチから山頂までのイラスト登山地図

信濃町・飯綱町・飯山市・中野市・
山ノ内町・木島平村・高山村・
小布施町・須坂市・野沢温泉村・栄村

134山

宮坂七郎

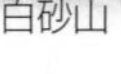

白砂山

熊の湯峰から笹ヶ岳

黒姫山から野尻湖と斑尾山

高社山

山田牧場から笠ヶ岳

野反湖

信毎書籍出版センター

斑尾山登山道から

はじめに

『信州の山』新版シリーズの南部編を2017年5月に、中部編上・下巻を2018年8月に発刊して、このたびやっと北部編上・下巻合わせて351山の発刊に至りました。私にとってこのシリーズの本当の集大成となります。

余談になりますが、北アルプスは登山者の憧れ、特に槍ヶ岳や穂高には一生に一度は登ってみたいと言われています。穂高でときどき会う東北や九州地方の人達は、北アルプスを訪れるには、移動日を含めると4〜5日は必要で、もちろん旅費もかかります。それに比べ、気軽に行ける長野県人の登山者が少ないのが実情で、北アルプスを訪れるたびに実にもったいない気がして残念でなりません。

このシリーズを完結するにあたり、長野県は本当に私にとって恵まれた県であることを痛感しました。

深田久弥先生は、まさに山人の心を的確に言い表したとつくづく感動しております。

先生の著書『日本百名山』の一節に「日本人はたいていふるさとの山を持っている。山の大小遠近はあっても、ふるさとの守護神のような山を持っている。

そしてその山を眺めながら育ち、成人してふるさとを離れても、その山の姿は心に残っている。

どんなに世相が変わってもその山だけは昔のままで、あたたかく帰郷の人を迎えてくれる。私のふるさとの山は白山であった。」…白山のところを、筆者は八ヶ岳としたい。

編集にあたり初版の絵地図の再確認や、修正及び追加を加えたわけですが、長野県は自然災害が多く、2011年3月長野県北部地震、2011年6月長野県中部地震、2014年9月御嶽山の噴火、2014年11月長野県神城断層地震、2019年10月台風19号千曲川の氾濫等々災害が相次ぎ、発刊した絵地図に違いも出てきますが、基本的な事は変わっておりません。自動車で登山口まで行けたものが崩落で行けなくなってしまった等、違いはご容赦頂きたい。

本書に掲載してあるマイナーの山は、道なき道を歩き標識もない目印もないヤブコギの山でいわゆるピークハンターの登山です。北アルプスよりリスクが高いかもしれません。本に書いてあったからではなく、あくまでもご自身の目と勘と経験を活かし行動して頂き、自己責任で登山をして下さい。

筆者が歩いていない山やルートは掲載しておりません。実際に歩いたわけですから問題はないと思いますが、責任は負いかねます。

また里山には、地元の人の個人の山や公有林もあり、登山はしてもいいが山菜採りを禁じている山や、キノコ（特に松茸）の時期は絶対に入山禁止が多いので、登山時期を間違えないように注意して下さい。私の絵地図には注意書きが書いてありますので、よく視て守って頂きたい。「登山口で入山を断られた」と苦情を言われても、責任は負いかねます。

最後に信州の北部もたくさんの名山があります。できるだけ正確に一生懸命絵地図にしました。この絵地図を参考にぜひ楽しい安全な登山を楽しんでいただければ幸いです。

この本の見方

一覧表

●**山番号**…長野県を３分し北部を更に上巻と下巻に分け、下巻は１～134 番まで、通し番号をつけました。

●**山岳名**…国土地理院の２万５千分の１の地形図を優先しました。

●**読み方**…国土地理院のデーターを優先しました。

●**標　高**…国土地理院地図の表示に対して、原則小数点以下切捨ててありますが、0.9 の場合は切り上げて有ります。数値の誤差は概ね１Ｍ以内です。

●**登山口アプローチ等周辺の見どころ**…山頂の展望以外に、登山口までのアプローチや登山道等の面白いところ（公園・文化財・伝説・花の群生・池・滝・名勝・歴史等）をワンポイントで記載、コースが複数ある場合は原則往復時間の最短コースを記載しています。

●**難　度**…難易度のこと：主観的ですから参考程度に見てください。最高点を５点として、コースが複数ある場合は往復時間の最短コースで体力度・危険度（岩場・鎖場・道迷い・やぶこぎ）・技術度（ルートファインディング・特別装備要）等を総合してつけてあります。コースによって難易度は違ってきます。

●**所在地**…山頂の所在地で、かかわる市町村について記載してあります。

●**山頂展望**…山頂の展望が 360 度絶景である場合は、

◎　で表してあります。以下

○：山頂の展望が 90 度以上ある場合

△：山頂の展望が少しでもある場合

ー：山頂の展望が全くない場合

●**途中展望**…山頂の展望は無くても登山口から山頂までの間の展望状況を、上記の山頂展望と同様の記号で表して有ります。展望状況も樹木の成長など経年変化します。

●**往復時間**…マイカー・ゴンドラ・スキーリフト・バス等を利用。コースにより徒歩での往復時間は違ってきますが、たいていは最短コースの時間を記載して有ります。休憩時間は含まれません。あくまで参考時間です。

まれに往復時間ではなく、周遊時間を表示の上で記載して有る場合があります。

往復時間の０とは、山頂までマイカー等交通インフラを利用し、行ける意味です。

● 絵地図の情報は 2020 年５月現在のものです。経年などの理由により、変更されることがあります。

例えば、マイカーが通れた林道が侵入禁止になったり、登山口の標識が朽ちはてて無くなったり、道があったはずが薮になり、通れなくなったりすることがあります。またその逆もあります。登山道が開いたり、 林道がマイカーで入れたり、薮刈りをして道ができたり等々。

情報の変化による事故等は責任を負いません。事前に十分な確認が必要です。

● 情報は雪のない時期を前提としています。

信州の山　北部 下巻 134 山　一覧表

◎　山頂の展望が 360 度の山

山番号	山岳名	読み方	標高(m)	山頂展望	途中展望	登山口アプローチ等周辺の見どころ	難度	所在地	往復時間
1	黒姫山	くろひめやま	2053	◎	○	登山口多数	3	信濃町	6：00
2	野尻新城址	のじりしんじょうし	706	―	―	野尻湖	2	信濃町	0：35
3	長範山	ちょうはんやま	767	―	―	長範山無線中継局	1	信濃町	0：10
4	袴岳	はかまだけ	1135	○	△	市民の森赤池	2	信濃町・妙高市	2：10
5	伊勢見山	いせみやま	758	―	―	以前は遊歩道有	2	信濃町	0：40
6	信濃町の城山	しろやま	767	―	―	マイナーの城跡	1	信濃町	0：35
7	信濃町の薬師岳	やくしだけ	819	―	―	山頂直下は薬師堂	2	信濃町	0：55
8	鍋山	なべやま	743	―	―	黒姫山の言われ山	1	信濃町	0：15
9	蛇声天神山	じゃごえてんじんやま	706	―	―	超マイナー山	3	飯綱町	1：40
10	若宮城跡	わかみやじょうせき	698	△	―	芋川氏の居城	1	飯綱町	0：35
11	飯綱町の戸谷峰	とやみね	756	―	△	信仰山　明瞭道有	1	飯綱町	0：10
12	鼻見城山	はなみじょうやま	722	○	―	芋川氏の支城	1	飯綱町	0：10
13	矢筒山	やづつやま	566	△	―	山頂に平和観音有	1	飯綱町	0：15
14	斑尾山	まだらおさん	1381	○	○	歌「ふるさと」の山	2	飯山市・信濃町	1：20
15	中野市の城山	じょうやま	490	△	―	信仰の山	1	中野市	0：10
16	替佐城跡	かえさじょうせき	460	○	○	立派な城郭遊歩道	1	中野市	0：15
17	蓮城山	はちすじょうやま	389	―	―	昔は子供の遠足山	3	飯山市	0：55
18	吉の城山	よしのじょうやま	550	―	○	荒れ放題の山頂	3	飯山市・中野市	2：15
19	滝ノ沢山	たきのさわやま	1140	△	△	滝ノ沢森林公園	3	中野市	3：40
20	天狗岩	てんぐいわ	1070	―	△	冒険山	4	中野市	5：50
21	高社山	こうしゃさん	1351	◎	○	よませスキー場の上部	3	中野市・山ノ内町・木島平村	2：30
22	三ッ子山	みつごやま	925	○	○	高井冨士スキー場	2	木島平村・山ノ内町	1：15
23	箱山	はこやま	695	△	△	日本人形資料館	2	中野市・山ノ内町	1：05
24	鴨ヶ嶽	かもがたけ	688	○	○	北信五岳絶景	2	中野市・山ノ内町	1：45
25	鎌ヶ嶽	かまがたけ	693	△	○	更科峠登山口から	3	中野市・山ノ内町	1：45
26	菅城跡	すげじょうせき	687	―	○	ひっそりと有る祠	1	山ノ内町	0：25
27	枡形城跡	ますがたじょうせき	711	―	―	明瞭道	2	高山村	0：50
28	沼ノ入城跡	ぬまのいりじょうせき	785	―	―	明瞭道	2	中野市・高山村	1：35
29	坪井城跡	つぼいじょうせき	899	―	―	マイナー山道無し	3	中野市・高山村	1：55
30	真山城跡	まやまじょうせき	698	―	―	マイナー山道無し	3	中野市	1：25
31	二十端城跡	つつはたじょうせき	544	―	―	道不明瞭大きい城郭	3	中野市・小布施町	2：15
32	賭屋場山	とやばさん	786	△	―	二十端城跡経由雁田山の延長線	3	中野市・小布施町・高山村	3：50
33	雁田山	かりたさん	759	○	○	岩松院の天井絵	2	高山村・小布施町	1：40
34	高井城山	たかいじょうやま	650	◎	○	村民憩いの山	1	高山村	0：35
35	紫子萩山	しねはぎやま	1112	―	△	信仰の山鳥居祠有	2	高山村	1：05
36	月生城址	つきおいじょうし	718	―	―	最近人気上昇中	3	高山村	1：30
37	大岩城跡	おおいわじょうせき	677	―	○	登山口が解れば	3	高山村・須坂市	1：50
38	雨引城跡	あまびきじょうせき	982	△	―	灰野峠からが最短	1	高山村・須坂市	0：50
39	明覚山	みょうかくさん	957	―	△	雨引城跡を越えて	1	須坂市	1：00
40	臥竜山	がりゅうざん	471	△	△	市民憩いの山	1	須坂市	0：40
41	久保山	くぼやま	672	―	○	登山口神社多し	2	須坂市	1：05
42	竹ノ城山	たけのじょうやま	544	△	○	埋もれた薬師山古墳	2	須坂市	0：50

❼より掲載

アカバナシモツケソウ

本書の特徴

里山からアルプスまで
信州の無雪期登山可能な山、ほぼ全山網羅！

★行ってみて、山に登ってみて、はじめて気がつく不安、注意点等、著者が自らの足と目でチェックし、絵地図に詳細記載！

★ビギナーからベテランまで、ハイカーの実践に役立つ情報が満載の本書は、安全で楽しい山登りをするための事前計画に活用いただける実用書です！

★複数コース又はルートのある山は、できる限り絵地図にして有ります。

絵地図

山番号の前に有る記号の説明

：登山口標識や登山道が明瞭で、家族や子供も安心して登れる山。コースと表現

：登山口標識や登山道が有り、普通の登山ができる山。コースと表現

：登山口標識や登山道は無く（あっても踏跡程度）、ルートファインディングやヤブコギ、マーキングをしないと山頂往復ができない山。…ルートと表現し、ピークハンター向きの山です。

●登山口標識や登山道が有り、普通の登山ができる山。

● 一覧表にある山番号

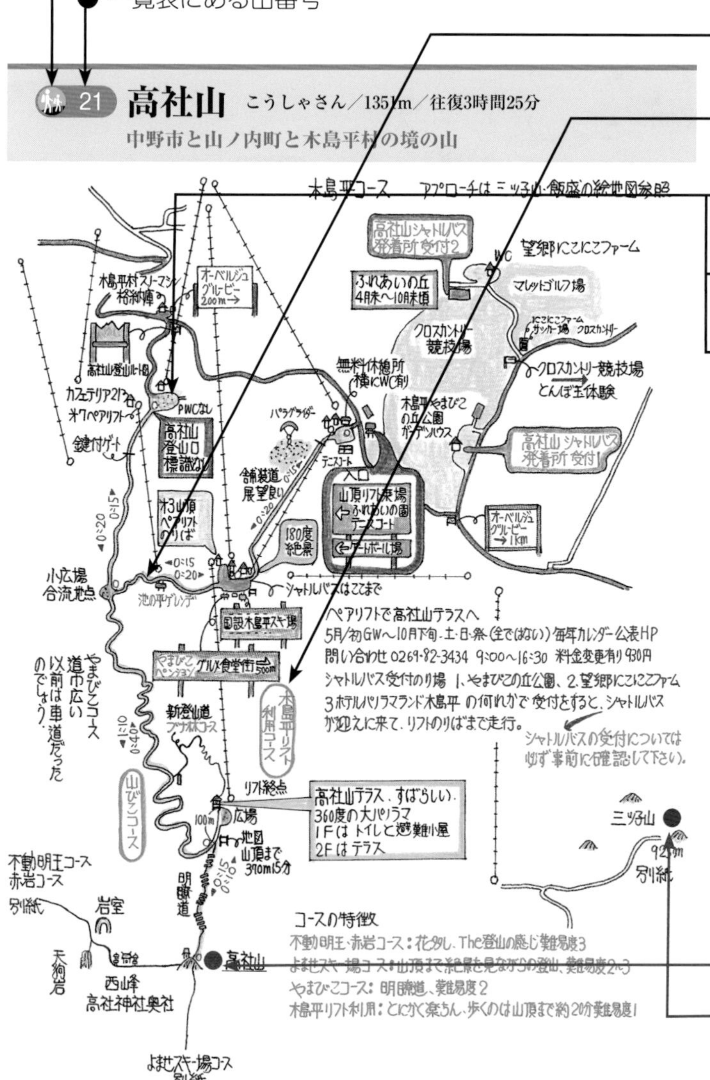

●**山岳名・読み方・標高**…前述した通り、一覧表と同じですが、地元の人の読み名、別名は別途記述してあります。

●**往復時間**…コースが複数の場合は、そのページの絵地図に於ける徒歩でのたいていは最短コースの時間を記載してありますが、時間は参考程度に見てください（休息時間は含まれません）。往復時間０とは山頂までマイカー等交通インフラを利用して行ける意味です。勿論ハイキングコースがある場合は地図にしてあります。

●**アクセス**…最寄りの高速道路 IC・JR 駅を表記してあります。

●**登山コース**…縦走可能なコースは実線で表わしています。

●**コースとルート**…全く同じ意味ですが、イメージが違うので使い分けをしてあります。

●**登山口**…標識や目印が有るか等、状況を明記しています。

●**トイレ**…登山口の周辺にあるかないか、状況を**WC** で表わしてあります。

●**駐車場**…登山口又は周辺に公的駐車場（有料の場合は明記）又は路肩スペースがあるかないか、およその台数等 **P** で表わしてあります。

●絵地図の車道や登山道の曲がり具合、方向、寸法は正確なものではありません。

●絵地図の上のコースタイムは参考程度にして下さい。（休憩時間は含まれません）。

●面白い山はできるだけ複数コースを紹介してあります。一山で何度も楽しむためです。

●**テント場**… ▲ 指定されている場所
▲ 非常時はテントが張れる可能な場所（普段はテント禁止です）
テント場＝テン場の両方表現してある場合があります。

●**バリルート**＝バリエーションルート

● はそのページの山の山頂

● はそのページの山の山頂ではありませんが、別紙絵地図が有る山頂又はそのページにおいて重要な目安地点です。

信州の山
北部 下巻 134 山岳マップ

信濃町・飯綱町・飯山市・中野市・山ノ内町・木島平村・高山村・小布施町・須坂市・野沢温泉村・栄村

信州の山　北部 下巻 134 山　一覧表

◎ 山頂の展望が 360 度の山

山番号	山岳名	読み方	標高(m)	山頂展望	途中展望	登山口アプローチ等周辺の見どころ	難度	所在地	往復時間
1	黒姫山	くろひめやま	2053	◎	○	登山口多数	3	信濃町	6：00
2	野尻新城址	のじりしんじょうし	706	—	—	野尻湖	2	信濃町	0：35
3	長範山	ちょうはんやま	767	—	—	長範山無線中継局	1	信濃町	0：10
4	袴岳	はかまだけ	1135	○	△	市民の森赤池	2	信濃町・妙高市	2：10
5	伊勢見山	いせみやま	758	—	—	以前は遊歩道有	2	信濃町	0：40
6	信濃町の城山	しろやま	767	—	—	マイナーの城跡	1	信濃町	0：35
7	信濃町の薬師岳	やくしだけ	819	—	—	山頂直下は薬師堂	2	信濃町	0：55
8	鍋山	なべやま	743	—	—	黒姫山の言われ山	1	信濃町	0：15
9	蛇声天神山	じゃごえてんじんやま	706	—	—	超マイナー山	3	飯綱町	1：40
10	若宮城跡	わかみやじょうせき	698	△	—	芋川氏の居城	1	飯綱町	0：35
11	飯綱町の戸谷峰	とやみね	756	—	△	信仰山　明瞭道有	1	飯綱町	0：10
12	鼻見城山	はなみじょうやま	722	○	—	芋川氏の支城	1	飯綱町	0：10
13	矢筒山	やづつやま	566	△	—	山頂に平和観音有	1	飯綱町	0：15
14	斑尾山	まだらおさん	1381	○	○	歌「ふるさと」の山	2	飯山市・信濃町	1：20
15	中野市の城山	じょうやま	490	△	—	信仰の山	1	中野市	0：10
16	替佐城跡	かえさじょうせき	460	○	○	立派な城郭遊歩道	1	中野市	0：15
17	蓮城山	はちすじょうやま	389	—	—	昔は子供の遠足山	3	飯山市	0：55
18	吉の城山	よしのじょうやま	550	—	○	荒れ放題の山頂	3	飯山市・中野市	2：15
19	滝ノ沢山	たきのさわやま	1140	△	△	滝ノ沢森林公園	3	中野市	3：40
20	天狗岩	てんぐいわ	1070	—	△	冒険山	4	中野市	5：50
21	高社山	こうしゃさん	1351	◎	○	よませスキー場の上部	3	中野市・山ノ内町・木島平村	2：30
22	三ッ子山	みつごやま	925	○	○	高井冨士スキー場	2	木島平村・山ノ内町	1：15
23	箱山	はこやま	695	△	△	日本人形資料館	2	中野市・山ノ内町	1：05
24	鴨ヶ嶽	かもがたけ	688	○	○	北信五岳絶景	2	中野市・山ノ内町	1：45
25	鎌ヶ嶽	かまがたけ	693	△	○	更科峠登山口から	3	中野市・山ノ内町	1：45
26	菅城跡	すげじょうせき	687	—	○	ひっそりと有る祠	1	山ノ内町	0：25
27	枡形城跡	ますがたじょうせき	711	—	—	明瞭道	2	高山村	0：50
28	沼ノ入城跡	ぬまのいりじょうせき	785	—	—	明瞭道	2	中野市・高山村	1：35
29	坪井城跡	つぼいじょうせき	899	—	—	マイナー山道無し	3	中野市・高山村	1：55
30	真山城跡	まやまじょうせき	698	—	—	マイナー山道無し	3	中野市	1：25
31	二十端城跡	つつはたじょうせき	544	—	—	道不明瞭大きい城郭	3	中野市・小布施町	2：15
32	賭屋場山	とやばさん	786	△	—	二十端城跡経由雁田山の延長線	3	中野市・小布施町・高山村	3：50
33	雁田山	かりたさん	759	○	○	岩松院の天井絵	2	高山村・小布施町	1：40
34	高井城山	たかいじょうやま	650	◎	○	村民憩いの山	1	高山村	0：35
35	紫子萩山	しねはぎやま	1112	—	△	信仰の山鳥居祠有	2	高山村	1：05
36	月生城址	つきおいじょうし	718	—	—	最近人気上昇中	3	高山村	1：30
37	大岩城跡	おおいわじょうせき	677	—	○	登山口が解れば	3	高山村・須坂市	1：50
38	雨引城跡	あまびきじょうせき	982	△	—	灰野峠からが最短	1	高山村・須坂市	0：50
39	明覚山	みょうかくさん	957	—	△	雨引城跡を越えて	1	須坂市	1：00
40	臥竜山	がりゅうざん	471	△	△	市民憩いの山	1	須坂市	0：40
41	久保山	くぼやま	672	—	○	登山口神社多し	2	須坂市	1：05
42	竹ノ城山	たけのじょうやま	544	△	○	埋もれた薬師山古墳	2	須坂市	0：50

信州の山　北部 下巻 134 山　一覧表

◎ 山頂の展望が 360 度の山

山番号	山岳名	読み方	標高(m)	山頂展望	途中展望	登山口アプローチ等周辺の見どころ	難度	所在地	往復時間
43	須坂市の大洞山	おおぼらやま	847	—	△	馬越峠口〜が最短	2	須坂市・長野市	0：35
44	井上山	いのうえやま	771	—	△	馬越峠〜一等三角点	2	須坂市・長野市	1：10
45	妙徳山	みょうとくさん	1293	—	○	山新田コース	3	須坂市・長野市	2：35
46	梯子山	はしごやま	1513	—	△	緋の滝遊歩道有	2	須坂市	1：20
47	大谷不動奥の院	おおやふどうおくのいん	1410	—	△	一の滝まで	2	須坂市	1：10
48	峰の原高原	みねのはらこうげん	1500	△	—	大笹街道遊歩道	2	須坂市	2：00
49	小根子岳	こねこだけ	2128	◎	○	米子瀑布から	3	須坂市・上田市	5：45
50	四阿山	あずまやさん	2354	◎	○	登山口多数 1 年中楽しめる山	3	須坂市・上田市・嬬恋村	6：00
51	根子岳	ねこだけ	2207	◎	○	菅平牧場コース	2	須坂市・上田市	3：30
52	浦倉山	うらくらやま	2090	△	○	長野県側通行止	3	須坂市・嬬恋村	5：15
53	須坂市の奇妙山	きみょうさん	1629	—	△	途中の珍しい祠	4	須坂市	3：20
54	米子山	よなこやま	1404	—	○	紅葉の豊丘ダム絶景	3	須坂市	4：50
55	破風岳	はふうだけ（はふだけ）	1999	○	○	絶景の毛無峠から	2	須坂市・高山村・嬬恋村	0：50
56	土鍋山	どなべやま	1999	○	○	浦倉山分岐	3	須坂市・嬬恋村	2：00
57	乳山	にゅうさん	1706	○	—	周辺レンゲツツジ	1	須坂市	0：25
58	御飯岳	おめしだけ	2160	○	◎	気持ち良い尾根歩き	3	高山村・嬬恋村	2：15
59	高山村の毛無山	けなしやま	1935	◎	○	毛無峠から	1	高山村・嬬恋村	0：35
60	奈良山	なろうやま	1639	△	○	悪婆山経由	3	高山村・須坂市	2：15
61	悪婆山	あくばさん	1582	—	△	穴水側から	2	高山村・須坂市	0：35
62	老ノ倉山	おいのくらやま	2020	◎	○	登山口不明瞭	2	高山村	0：25
63	黒湯山	くろゆさん	2007	△	○	マイナー山だが道有	3	高山村・嬬恋村	2：05
64	万座山	まんざやま	1994	○	○	万座温泉	2	高山村・嬬恋村	1：10
65	中倉山	なかくらやま	1686	○	—	近隣エゾアジサイ群	1	高山村	0：35
66	志賀高原の笠ヶ岳	かさがたけ	2076	◎	○	山田牧場峠の茶屋	3	高山村・山ノ内町	0：50
67	熊ノ湯峰	くまのゆほう	1958	○	○	スキー場の最高峰	1	高山村・山ノ内町	0：45
68	三沢山	みさわやま	1504	○	○	信仰の山	3	高山村・山ノ内町	3：30
69	平塩山	ひらしおさん	1060	△	○	少しヤブコギ有	3	高山村	2：40
70	小池峠山	こいけとうげやま	1098	—	△	馬頭観音の小池峠	2	高山村・中野市	1：35
71	横手山	よこてやま	2305	○	○	展望台レストラン	2	山ノ内町・中之条町	1：40
72	志賀山・裏志賀山	しがやま	2037	○	○	渋池めぐり登山口	2	山ノ内町	3：10
73	鉢山	はちやま	2041	—	△	四十八池めぐり	2	山ノ内町・中之条町	2：00
74	赤石山	あかいしやま	2108	○	△	苔むした緑の岩峰	3	山ノ内町・中之条町	4：10
75	（湯ノ沢ノ頭） ダン沢ノ頭	（ゆのさわのかしら） だんさわのかしら	2040	◎	○	大沼池めぐり 赤石山経由	3	山ノ内町・中之条町	7：10
76	寺小屋峰	てらこやほう	2125	—	○	東館山経由	2	山ノ内町	2：10
77	東館山	ひがしたてやま	1994	○	○	ペアリフト利用	1	山ノ内町	0：30
78	西館山	にしたてやま	1756	△	—	ゲレンデ歩き	2	山ノ内町	0：30
79	岩菅山	いわすげやま	2295	○	○	アライタ沢登山口	3	山ノ内町	5：15
80	裏岩菅山	うらいわすげやま	2341	◎	○	岩菅山経由	3	山ノ内町	6：40
81	山ノ内町の烏帽子岳	えぼしだけ	2230	○	△	切明温泉登山口〜	3	山ノ内町	9：00
82	坊寺山	ぼうでらやま	1839	○	△	ゲンジホタル生息地	2	山ノ内町	1：45
83	山ノ内町の旭山	あさひやま	1524	—	—	琵琶池の紅葉	1	山ノ内町	0：50
84	竜王山	りゅうおうさん	1900	—	○	ロープウエイ利用	2	山ノ内町	1：15

信州の山　北部 下巻 134 山　一覧表

◎ 山頂の展望が 360 度の山

山番号	山岳名	読み方	標高(m)	山頂展望	途中展望	登山口アプローチ等周辺の見どころ	難度	所在地	往復時間
85	焼額山	やけびたいやま	2009	○	○	プリンスＨ西館～	2	山ノ内町	2：10
86	五輪山	ごりんざん	1620	—	△	三ヶ月池湿原の花々	3	山ノ内町	2：20
87	臂出山	ひじでやま	1424	○	○	アワラ湿原の花々	3	山ノ内町	2：30
88	小丸山	こまるやま	1403	—	○	ロープウエイ利用	3	山ノ内町	2：35
89	丸山	まるやま	1577	—	—	奥志賀牧場の最高点	3	山ノ内町	0：50
90	夕日山	ゆうひやま	1049	—	○	山名ロマンチック	2	山ノ内町	2：00
91	山ノ内町の飯盛山	いいもりやま	1064	◎	—	道無し難易度高い	4	山ノ内町	2：20
92	八剣山	はっけんざん	1675	—	—	北ドブ湿原の花群	2	木島平村	2：10
93	高標山	たかっぴょうやま	1747	◎	○	カヤの平高原	3	木島平村	2：55
94	木島平村の日向城跡	ひなたじょうせき	650	—	—	ケヤキの森公園口	2	木島平村	0：35
95	平沢城跡	ひらさわじょうせき	870	△	△	山頂義仲従士之碑	2	木島平村	1：00
96	飯山市の城山	じょうやま	863	—	—	以前は小学校登山	2	木島平村・飯山市	1：35
97	万仏山	まんぶつさん	1203	—	—	ロープ有、危険山	4	木島平村・飯山市	3：35
98	小菅山	こすげやま	1046	—	△	小菅神社と北竜湖	2	飯山市・野沢温泉村	3：40
99	飯山市の長峰山	ながみねやま	416	△	—	針湖池	1	飯山市	0：10
100	飯山市の毛無山	けなしやま	1022	—	△	沼ノ池散策	1	飯山市・妙高市	0：50
101	黒岩山	くろいわやま	911	○	△	桂池散策	1	飯山市	1：10
102	鷹落山	たかおちやま	879	△	○	山頂は無線中継局	1	飯山市	0：10
103	仏ヶ峰	ほとけがみね	1140	—	○	お小夜滝	2	飯山市・妙高市	3：00
104	小仏ヶ峰	こぼとけがみね	750	◎	△	戸狩温泉スキー場	1	飯山市	0：25
105	黒倉山	くろくらやま	1242	△	△	茶屋池の周辺散策	2	飯山市・上越市・妙高市	1：30
106	鍋倉山	なべくらやま	1288	△	△	ブナの大木森太郎	3	飯山市・妙高市	2：10
107	大神楽山	おおかぐらやま	1095	—	△	関田峠から	2	飯山市・上越市	1：40
108	花立山	はなたてやま	1069	△	—	渡り鳥の牧峠から	2	飯山市・上越市	1：15
109	照岡山	てるおかやま	1094	—	—	伏野峠から	1	飯山市・上越市	0：25
110	野々海ノ頭	ののみのかしら	1135	—	○	絶景地深坂峠から	2	飯山市・上越市・十日町市	1：05
111	又右エ門山	またえもんやま	1071	—	—	野々海池高原散策	1	飯山市	0：10
112	三方岳	さんぽうだけ	1138	—	△	深坂峠から	2	栄村・十日町市	0：50
113	天水山	あまみずやま	1088	△	—	松之山口登山口	2	栄村・十日町市	1：10
114	貝立山	かいたてやま	937	—	○	朽ちた看板ヤブ道	2	栄村	0：30
115	白鳥城跡	しらとりじょうせき	430	—	—	鉄塔巡視路を利用	1	栄村	0：25
116	城坂城跡	じょうさかじょうせき	395	—	—	道は無い	3	栄村	1：15
117	仙当城跡	せっとじょうせき	460	—	△	明瞭道	2	栄村	0：55
118	野沢温泉村の高倉山	たかくらやま	850	—	—	尾根筋に踏跡有	3	野沢温泉村・栄村	1：15
119	水尾山	みずおやま	1044	—	—	わずかな踏跡有	2	野沢温泉村	0：40
120	野沢温泉村の毛無山	けなしやま	1649	○	○	明瞭な遊歩道有	1	野沢温泉村	1：15
121	牛ヶ窪城跡	うしがくぼじょうせき	440	△	—	道無し、山頂に祠	1	栄村	0：10
122	天代牛子城跡	あましろうしこじょうせき	580	—	—	北野天満公園の上	3	栄村	1：40
123	栄村の高倉山	たかくらやま	1330	△	—	道無しヤブコギ	4	栄村	3：20
124	松ノ峰	まつのみね	1211	—	△	道無しヤブコギ	4	栄村	3：20
125	猿面峰	さるづらみね	1832	◎	○	苗場山七合目が山頂	3	栄村	4：00
126	苗場山	なえばさん	2145	—	○	三合目登山口から池塘多数、草紅葉	3	栄村・津南町・湯沢町	6：10
127	赤倉山	あかくらやま	1938	—	○	赤湯温泉の分岐山	4	栄村・湯沢町	9：10

信州の山　北部 下巻 134 山　一覧表

◎ 山頂の展望が 360 度の山

山番号	山岳名	読み方	標高(m)	山頂展望	途中展望	登山口アプローチ等周辺の見どころ	難度	所在地	往復時間
128	鳥甲山	とりかぶとやま	2037	—	○	ムジナ平登山口	4	栄村	7：30
129	佐武流山	さぶるやま さぶりゅうやま	2191	△	○	ドロの木平〜徒渉有	4	栄村・湯沢町	10：00
130	西大倉山	にしおおくらやま	1748	△	○	切明温泉〜野反湖	3	栄村	9：35
131	堂岩山	どういわやま	2051	—	△	野反湖周辺の山	3	栄村・中之条町	4：45
132	白砂山	しらすなやま	2139	◎	◎	堂岩山経由	3	栄村・中之条町	7：15
133	三壁山	みつかべやま	1974	—	○	ニジマスの野反湖	2	山ノ内町・ 中之条町	2：20
134	大高山	おおたかやま	2079	○	○	ニッコウキスゲ	3	山ノ内町・ 中之条町	5：20

黒湯山附近の崩落地

須坂市米子の奇妙滝

布岩柱状節理

焼額山登山道　ヤナギランの群生

CONTENTS

信州の山　北部下巻 134 山

坊寺山の白樺林

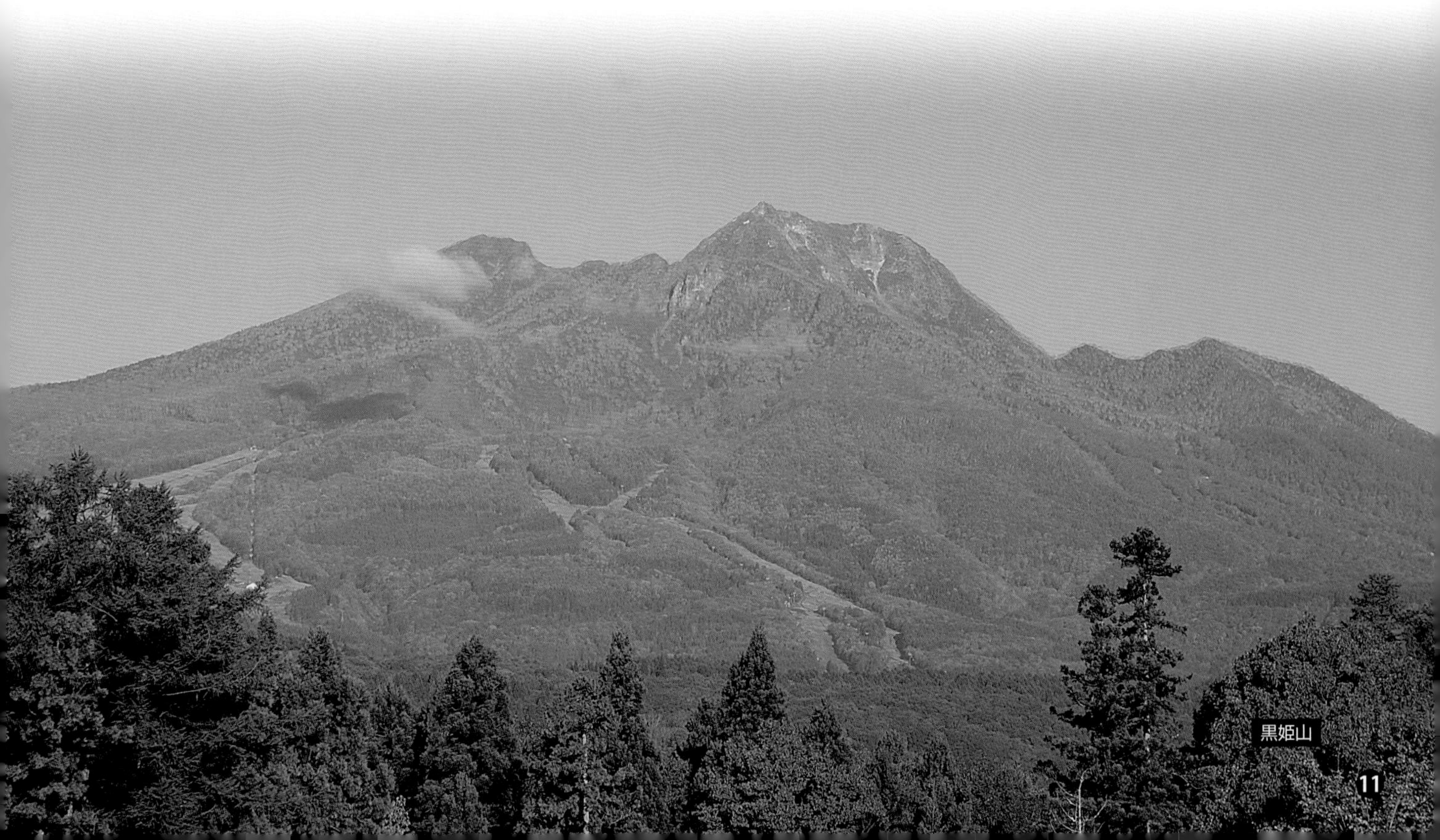

黒姫山

CONTENTS

横手山

焼額山登山道

CONTENTS

信州の山　北部下巻 134 山

白砂山への登山道

苗場山の池塘

 1

黒姫山 くろひめやま／2053m／往復6時間

信濃町に有る山

登山口総図

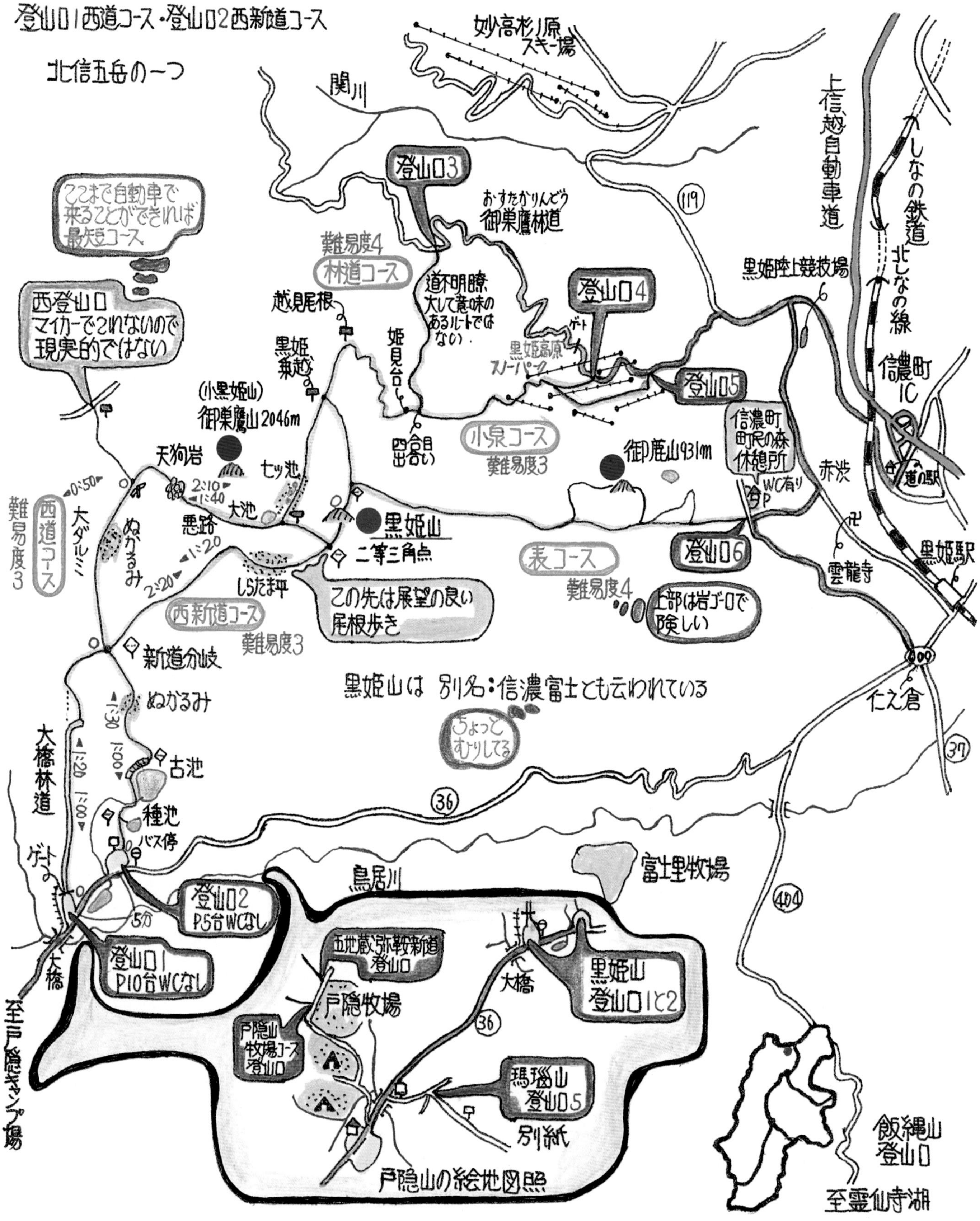

登山口1西道コース・登山口2西新道コース

北信五岳の一つ

1 黒姫山 くろひめやま／2053m／往復7時間10分

信濃町に有る山

登山口3林道コース・登山口4と5小泉コース・登山口6表コース

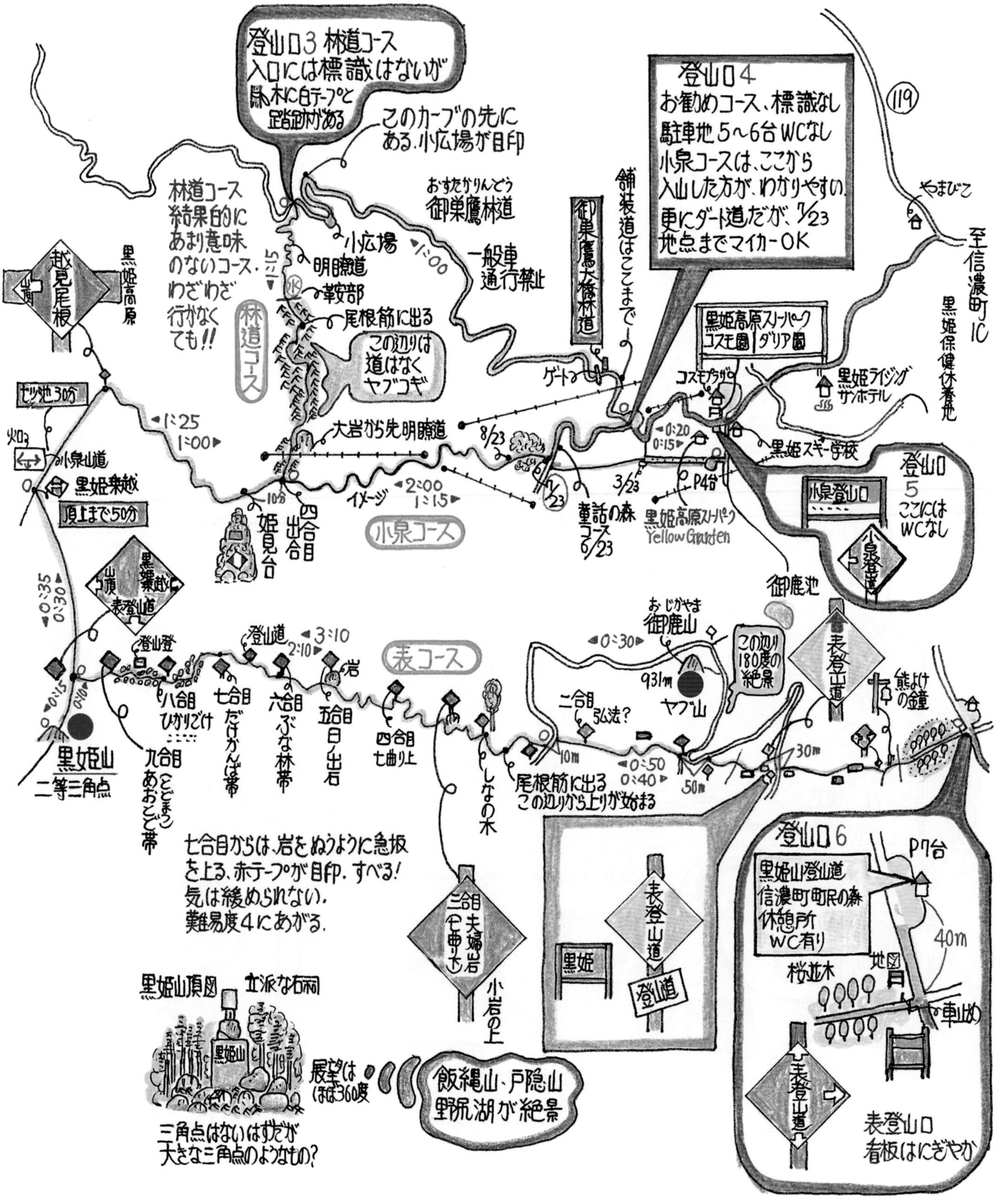

登山口3 林道コース
入口には標識はないが
木に白テープと
足跡がある

このカーブの先に
ある、小広場が目印

林道コース
結果的に
あまり意味
のないコース。
わざわざ
行かなくて
も!!

おすたかりんどう
御巣鷹林道

一般車
通行禁止

御巣鷹大橋林道

舗装道はここまで

登山口4
お勧めコース、標識なし
駐車地 5～6台 WCなし
小泉コースは、ここから
入山した方が、わかりやすい。
更にダート道だが、7/23
地点までマイカーOK

119

やまびこ

至信濃町IC

黒姫保健休養地

越見尾根

山頂

黒姫高原

小広場
明瞭道
鞍部
尾根筋に出る

この辺りは
道はなく
ヤブコギ

林道コース

ゼッタ池30分

火口

小泉山道

黒姫乗越

頂上まで50分

1:25
1:00

大岩から先明瞭道

8/23

7/23

3/23

0:20
0:15

P4台

黒姫スキー学校

黒姫高原スノーパーク
コスモ園 ダリア園

ゲート

コスモプラザ

黒姫ライジング
サンホテル

イメージ 2:00
1:15

10合
四合目
出合目
姫見台

小泉コース

童話の森
コース
6/23

黒姫高原スノーパーク
Yellow Garden

登山口
5
ここには
WCなし

小泉登山口

小泉登山道

御鹿池

黒姫乗越
山頂
表登山道

0:35
0:30

登山道
3:10
2:10

表コース

0:30

おじかやま
御鹿山

この辺り
180度の
絶景

岩

931m
ヤブ山

表登山道

熊よけの鐘

八合目
ひかりごけ

七合目
だけかんば帯

六合目
ぶな林帯

五合目
日の出岩

四合目
七曲り上

二合目
弘法？

しなの木

尾根筋に出る
この辺りから上りが始まる

10m
0:50
0:40
50m
30m

黒姫山
二等三角点

九合目
あおごめ（こごめ）帯

七合目からは、岩をぬうように急坂
を上る。赤テープが目印。すべる！
気は緩められない。
難易度4にあがる。

三合目 夫婦岩（七曲り下）

小岩の上

黒姫
表登山道
登山道

登山口6
P7台
黒姫山登山道
信濃町町民の森
休憩所
WC有り
40m
地図
桜並木
車止め

表登山道

表登山口
看板はにぎやか

黒姫山頂図
立派な石祠

黒姫山

展望は
ほぼ360度

飯縄山、戸隠山
野尻湖が絶景

三角点はないはずだが
大きな三角点のようなもの？

2 野尻新城址 のじりしんじょうし／706m／往復35分

3 長範山 ちょうはんやま／767m／往復10分

以上は、信濃町に有る山

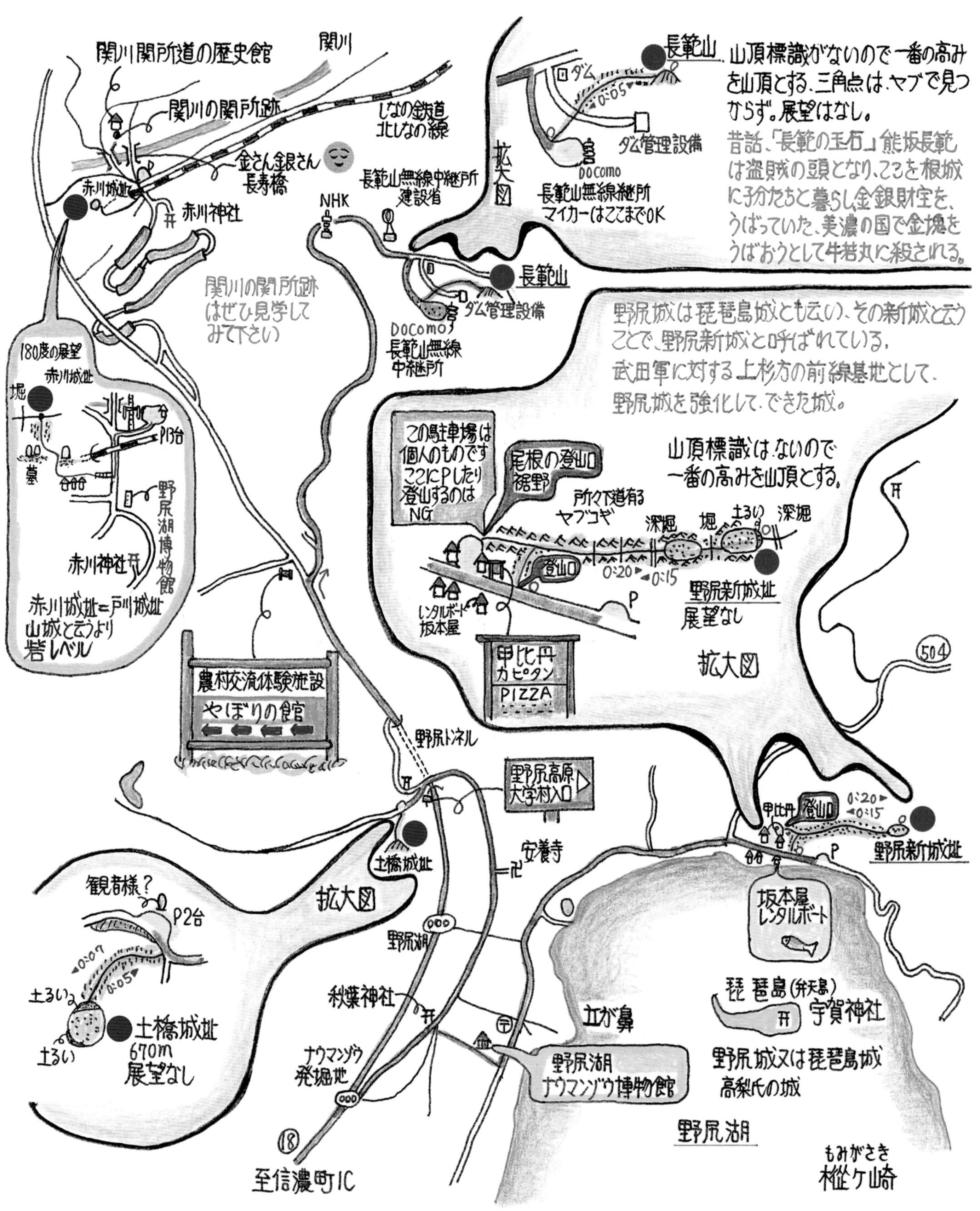

4 **袴岳** はかまだけ／1135m／往復2時間10分

信濃町と新潟県妙高市の境の山

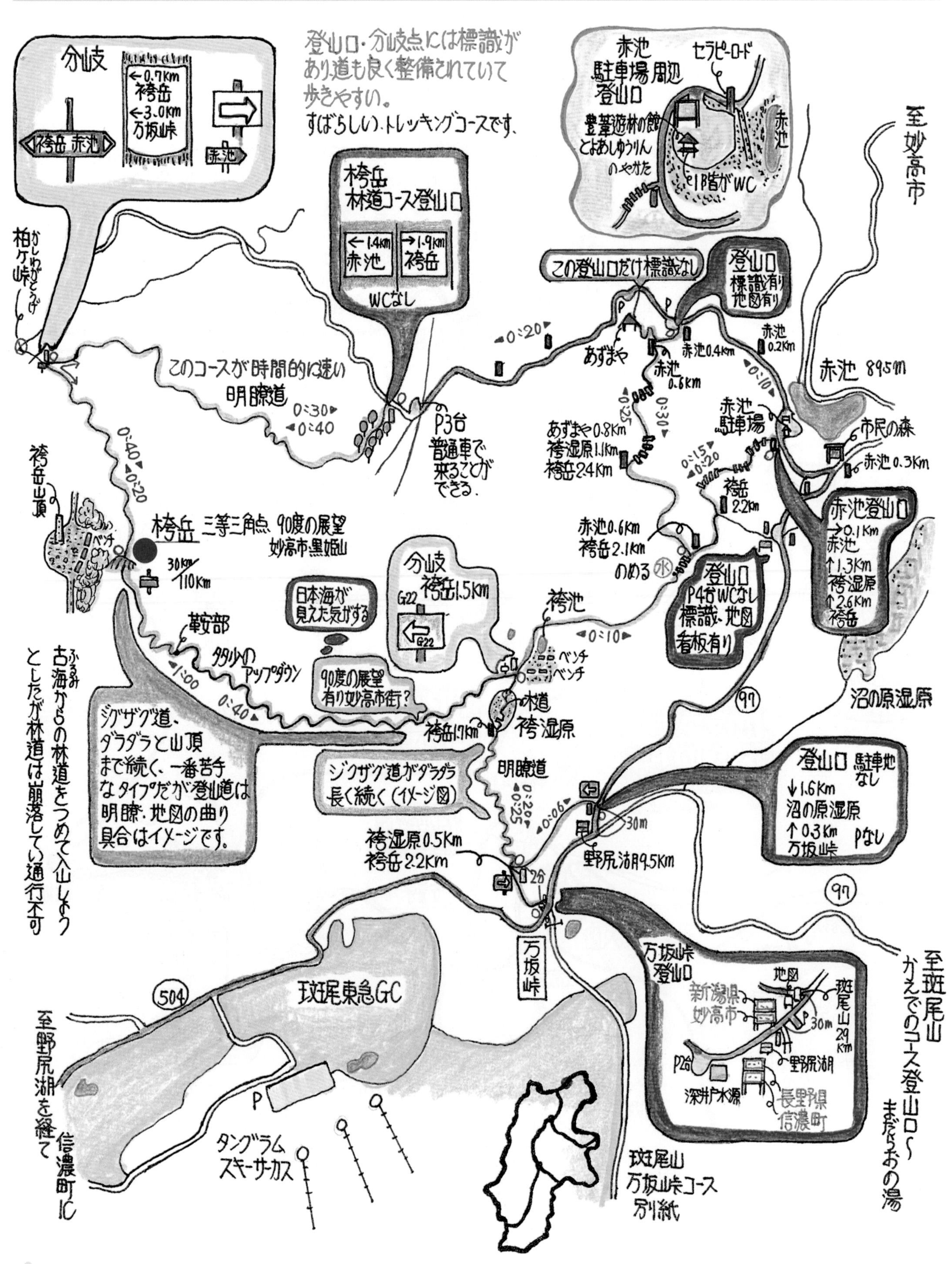

5 伊勢見山 いせみやま／758m／往復40分

信濃町に有る山

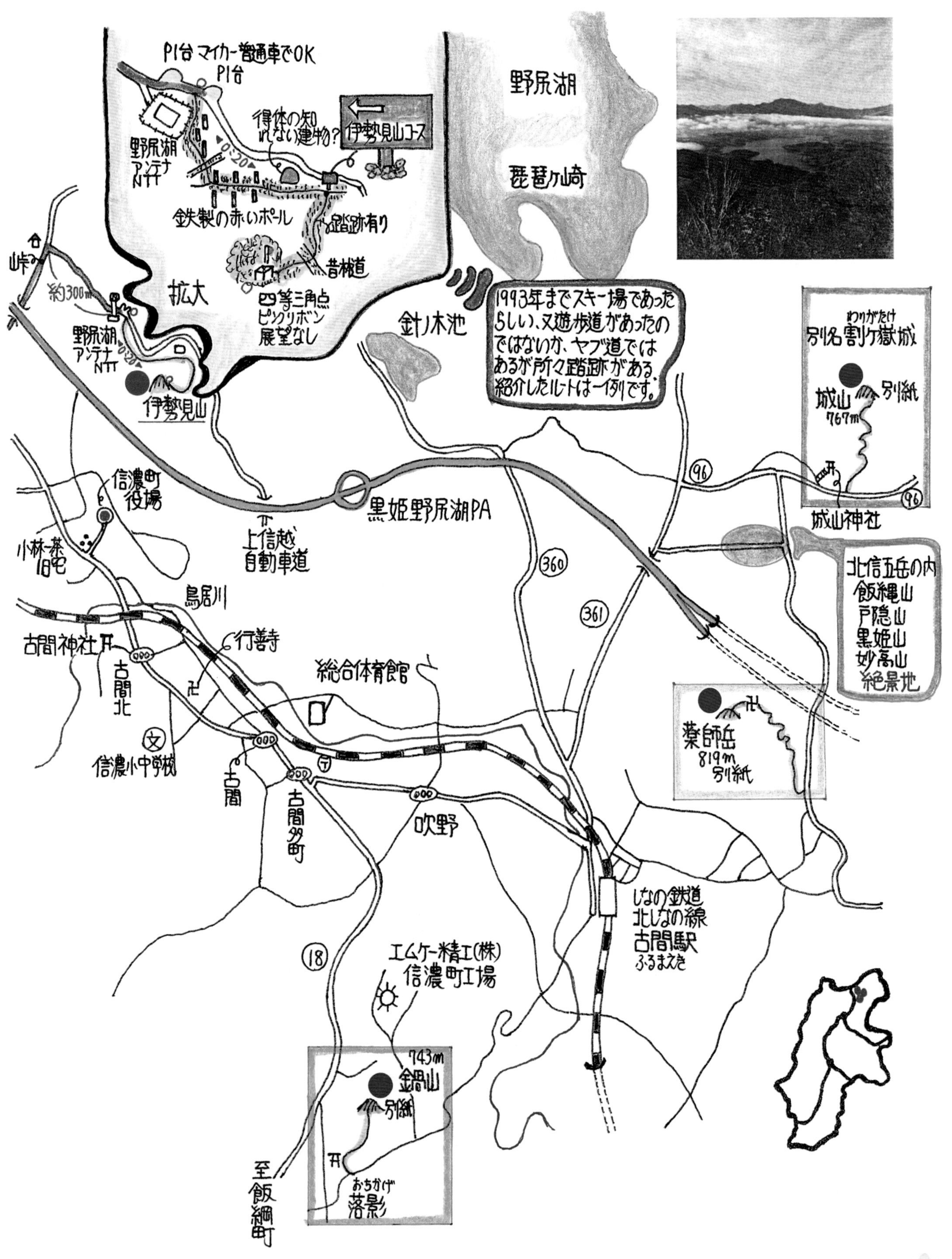

6 信濃町の城山　しろやま／767m／往復35分

別名：割ヶ嶽城跡(わりがたけじょせき)

7 信濃町の薬師岳　やくしだけ／819m／往復55分

8 鍋山　なべやま／743m／往復15分

以上は、信濃町に有る山

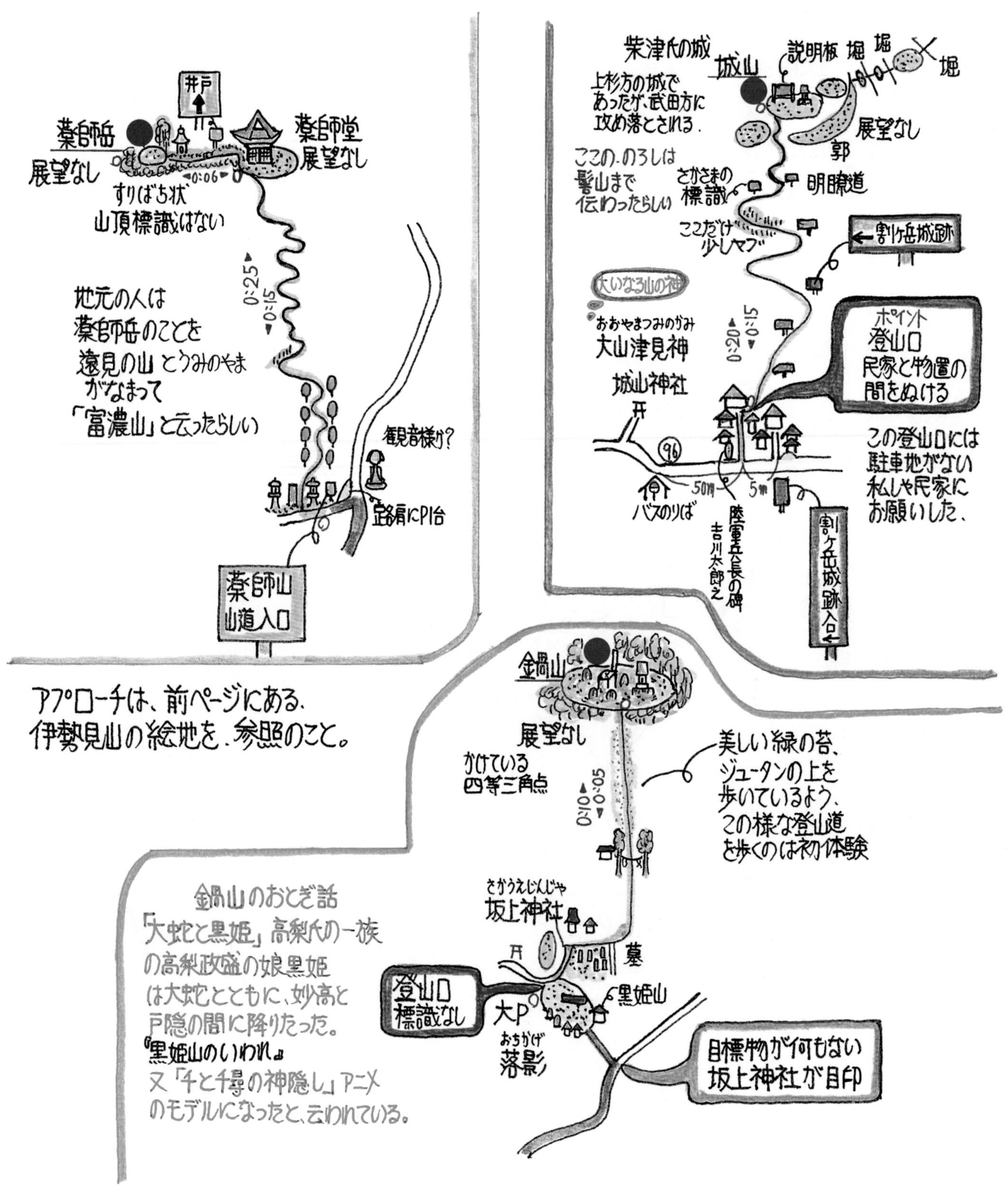

9 蛇声天神山 じゃごえてんじんやま／706m／往復1時間40分

10 若宮城跡 わかみやじょうせき／698m／往復35分

別名：下芋川要害・芋川城・城山…標高は、資料により違うので解らない

以上は、飯綱町に有る山

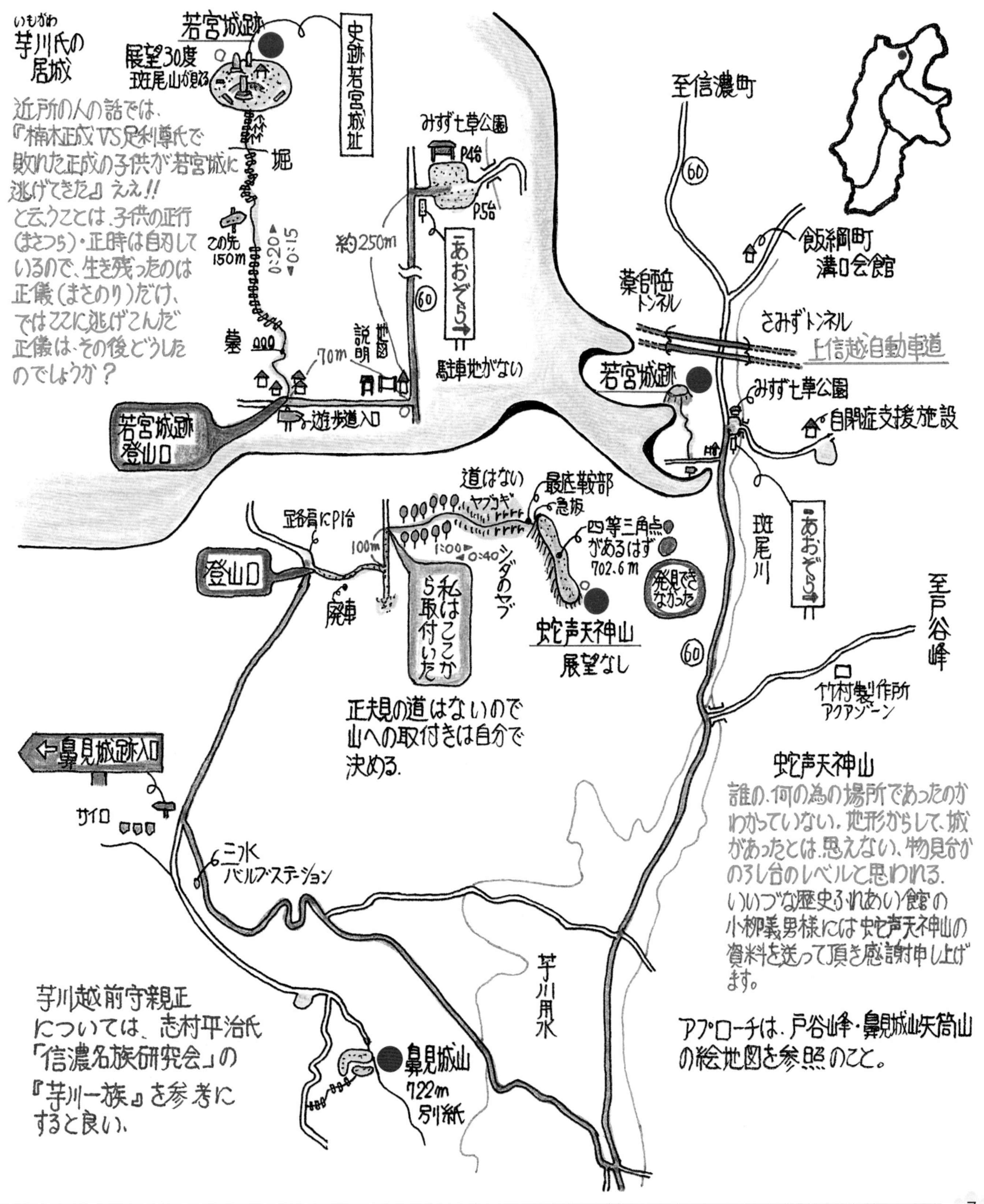

11 飯綱町の戸谷峰 とやみね／756m／往復10分

12 鼻見城山 はなみじょうやま／722m／往復10分

13 矢筒山 やづつやま／566m／往復15分

以上は、飯綱町に有る山

鼻見城山：長野県の自然百選に選ばれた山。芋川氏の本城である若宮城の支城。
芋川正章氏は、飯綱の国人領主。武田氏信濃進攻の時降伏し、武田氏の家臣となる。武田氏が滅亡すると、織田氏の家臣森長可（ながよし、森蘭丸の兄）が、海津城（松代城）に入城してきた。芋川正章の子の親正は、森氏に反抗し「芋川一揆」を起こすが敗れ、上杉景勝を頼って落ち延びた。親正は上杉の会津移封に従い、会津白川小峰城主から大森城主となり、1608年死去した。
矢筒山（矢筒山城跡）：別名は黒川城跡・牟礼城跡とも言われている。島津氏の居城であった。

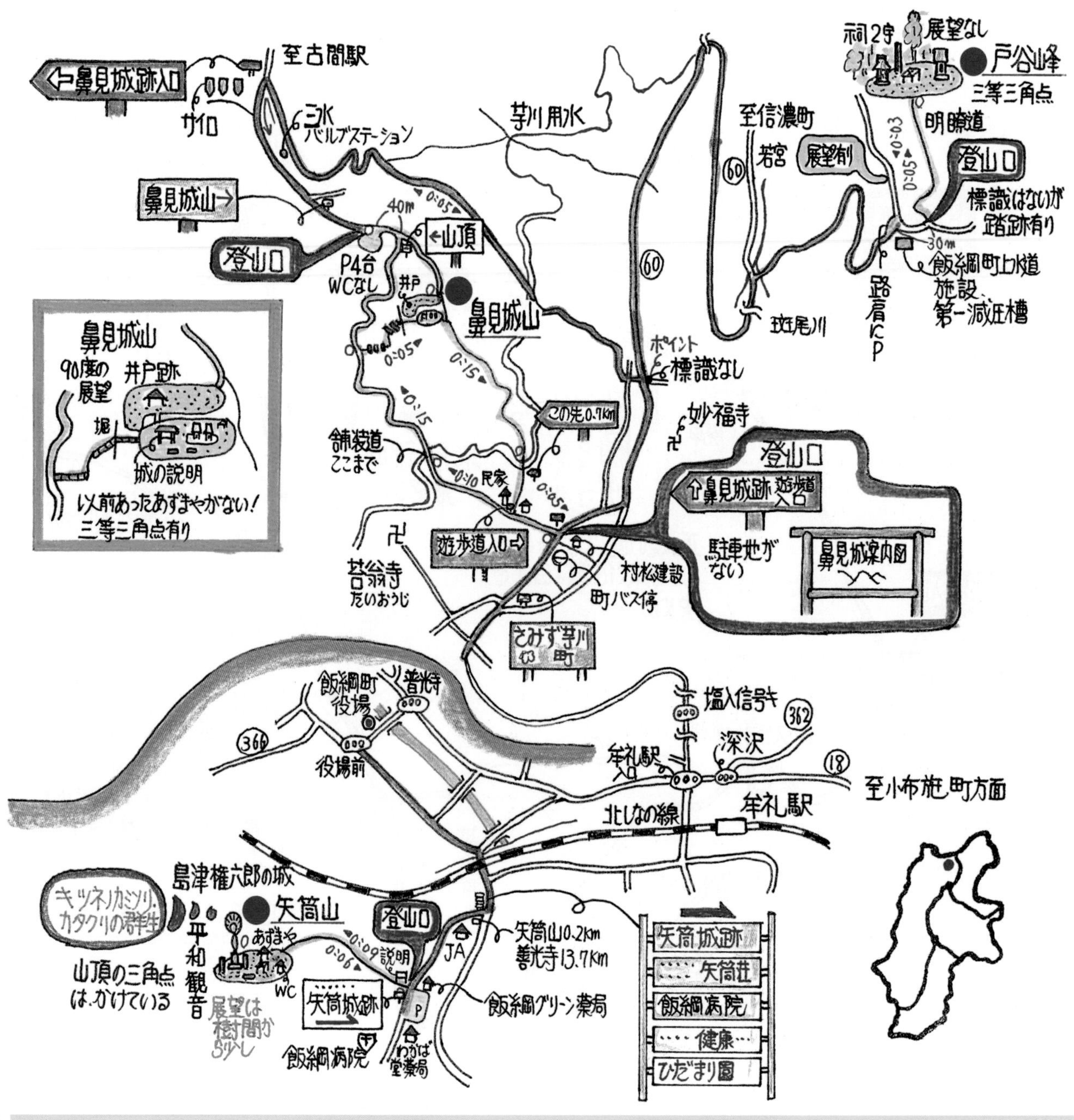

14 斑尾山 まだらおさん／1381m／往復1時間20分

飯山市と信濃町の境の山…飯綱町・中野市・新潟県妙高市が裾野を囲む

北信五岳の一つ：妙高山・黒姫山・戸隠山・飯縄山・斑尾山。
西側にある野尻湖は斑尾山の噴火によって出来た湖。
斑尾高原は唱歌『ふるさと』の発祥の地…作詞者高野辰之氏は旧豊田村の出身。他に春の小川・おぼろづきよがある。
♪うさぎ追いしかの山♪ かの山とは、斑尾山のこと（正確には大持山）。
♪こぶな釣しかの川♪ かの川とは、斑川（はんかわ）のこと。

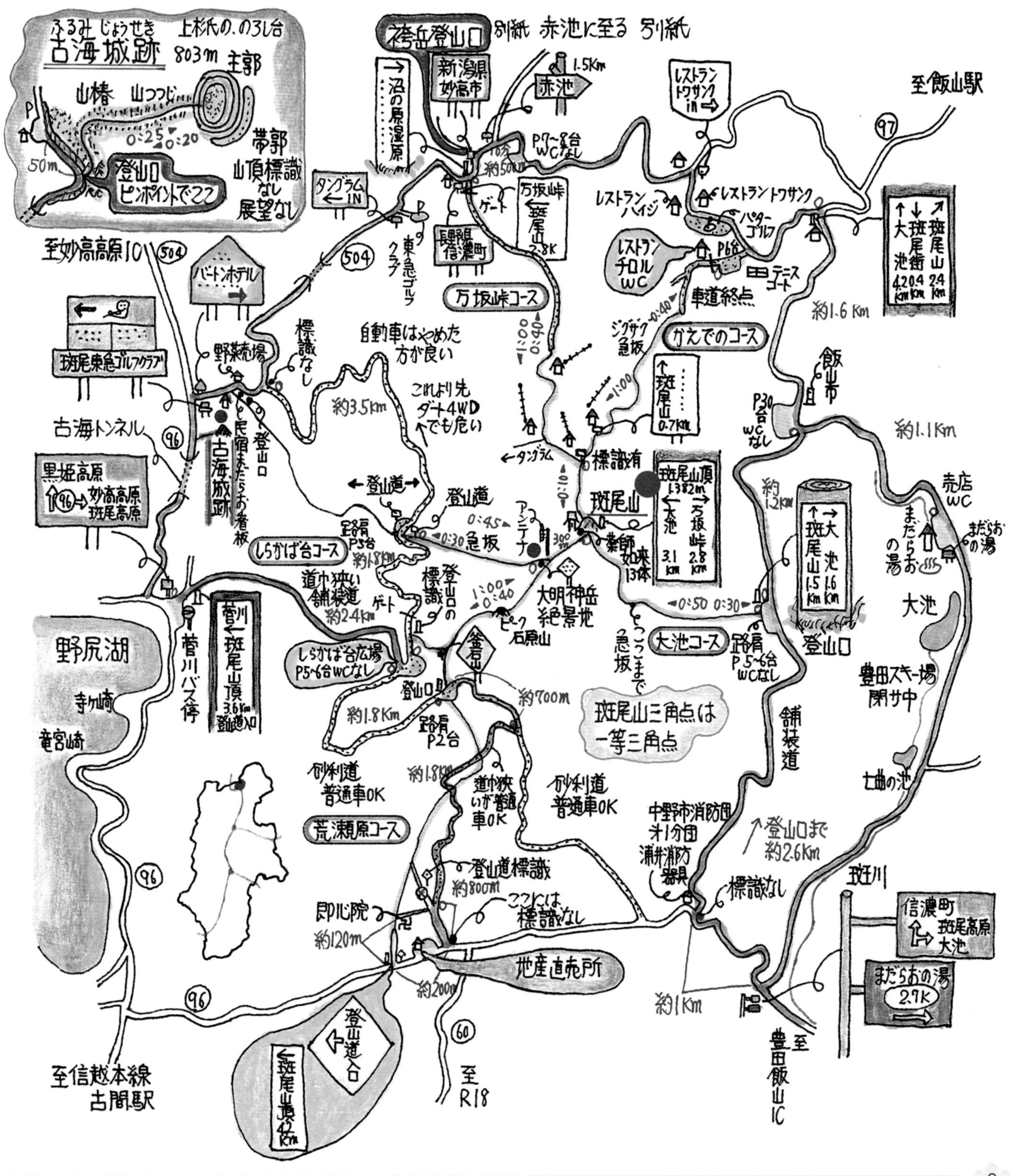

15 中野市の城山　じょうやま／490m／往復10分

別名：壁田城跡(へきだじょうせき)

16 替佐城跡　かえさじょうせき／460m／往復約15分

以上は、中野市に有る山

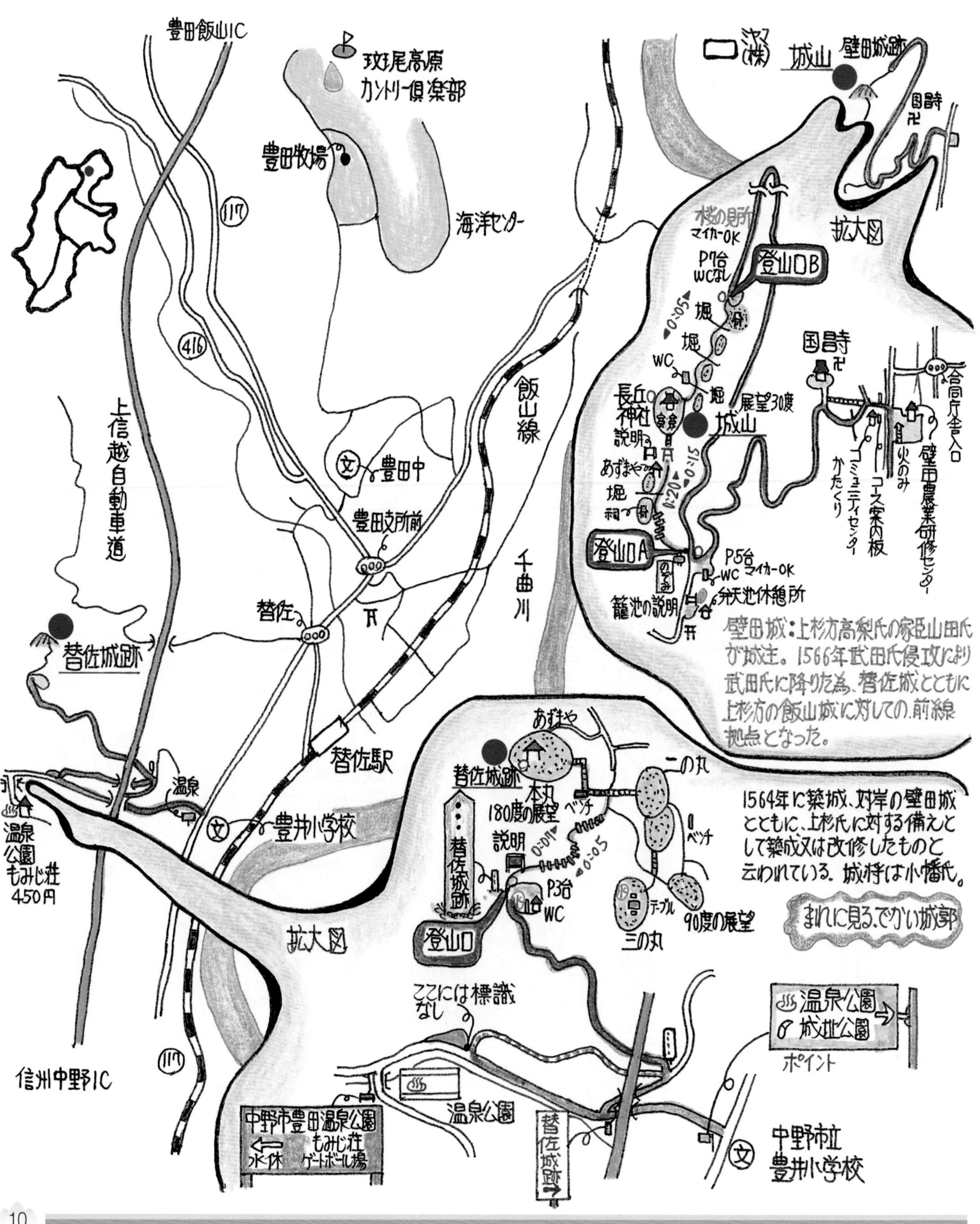

17 蓮城山 はちすじょうやま／389m／往復55分

飯山市に有る山

18 吉の城山 よしのじょうやま／550m／往復2時間15分

別名：岩井城山

飯山市と中野市の境の山

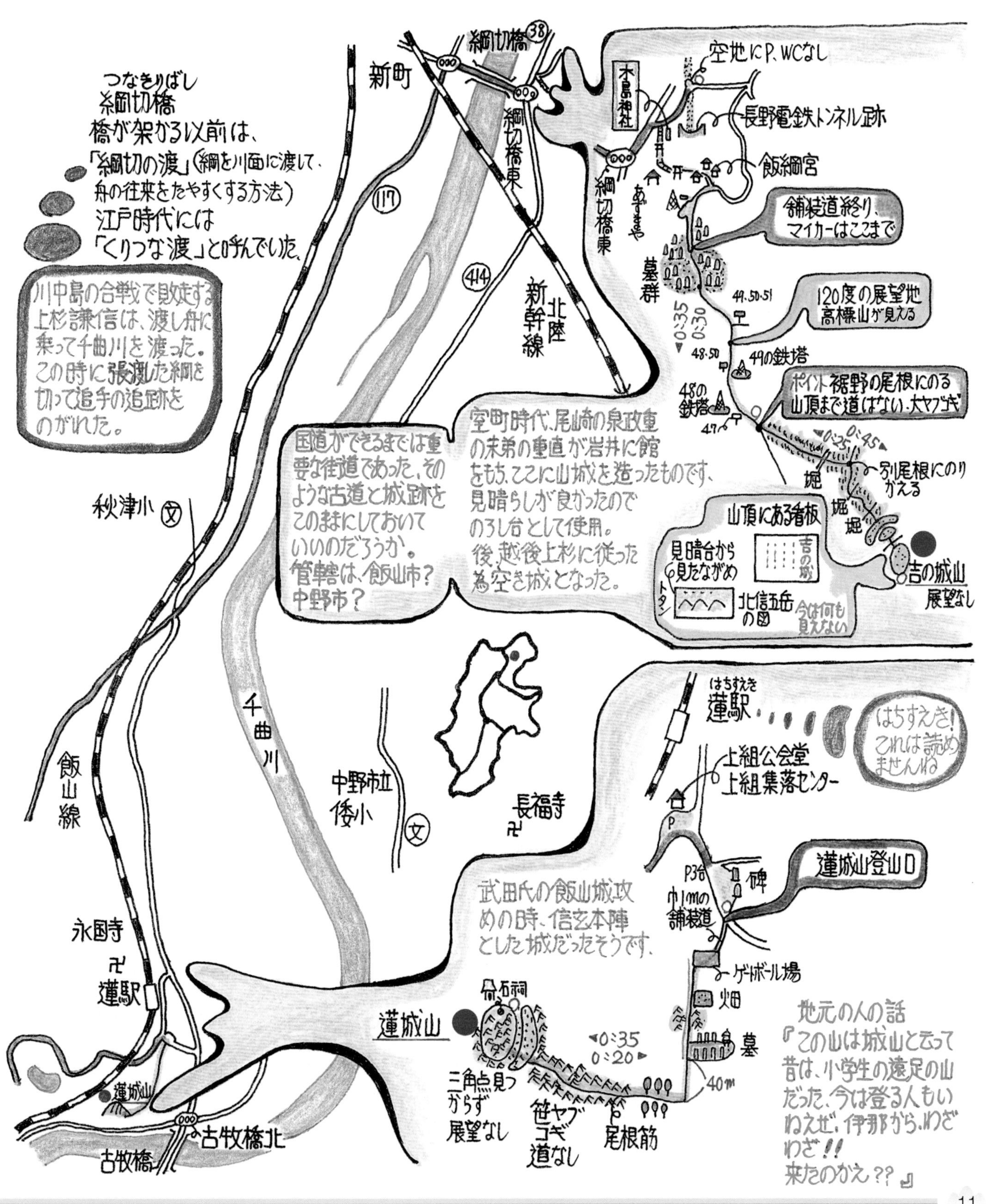

19 滝ノ沢山 たきのさわやま／約1140m／往復3時間40分

20 天狗岩 てんぐいわ／1070m／往復5時間50分

以上は、中野市に有る山

21 高社山 こうしゃさん／1351m／往復2時間30分

中野市と山ノ内町と木島平村の境の山

他の呼び名：中野側…こうしゃさん　木島平側…たかやしろやま
別名：高井富士
志賀高原・奥志賀及びその周辺では見られない絶景地…お勧め山。

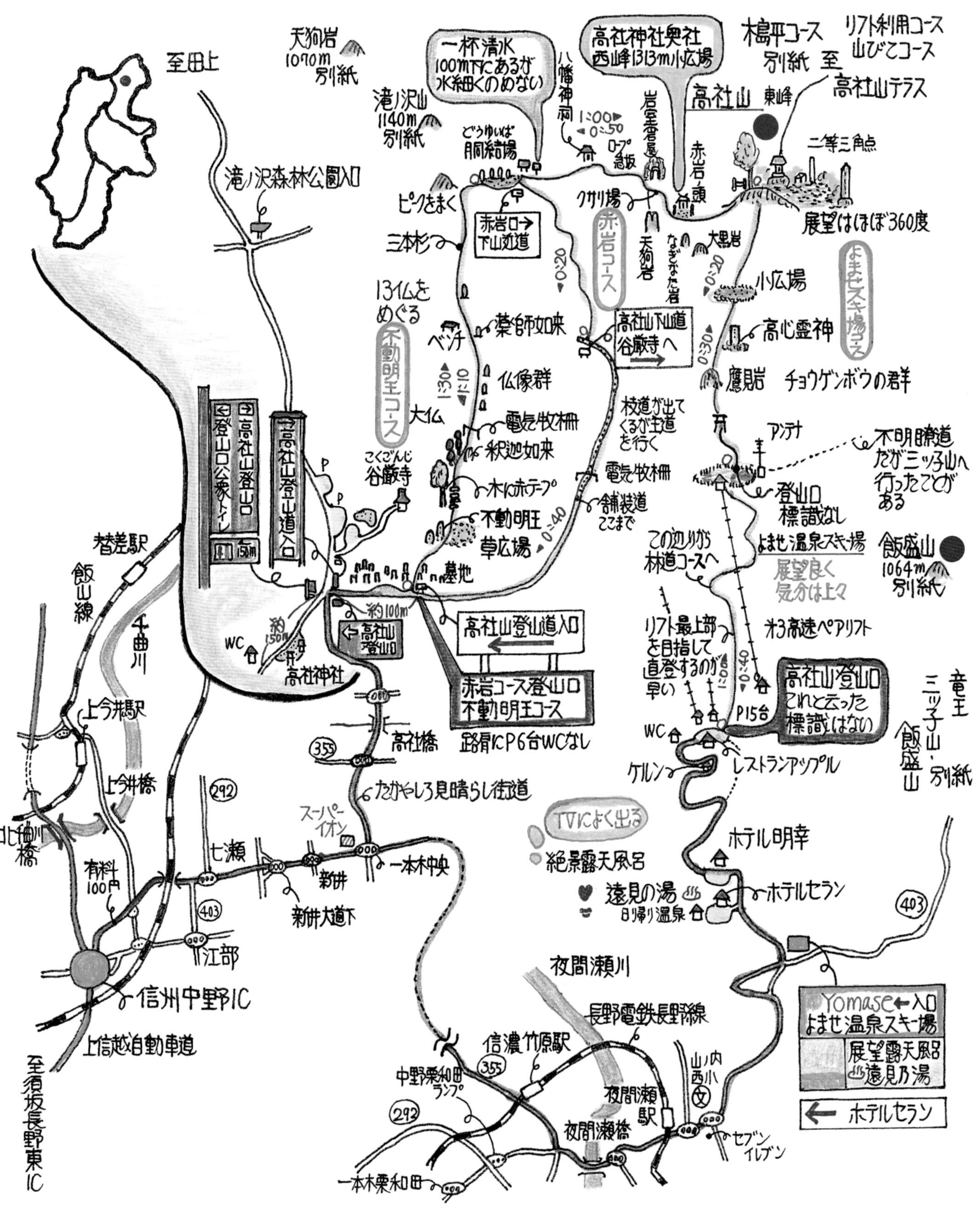

21 高社山 こうしゃさん／1351m／往復3時間25分

中野市と山ノ内町と木島平村の境の山

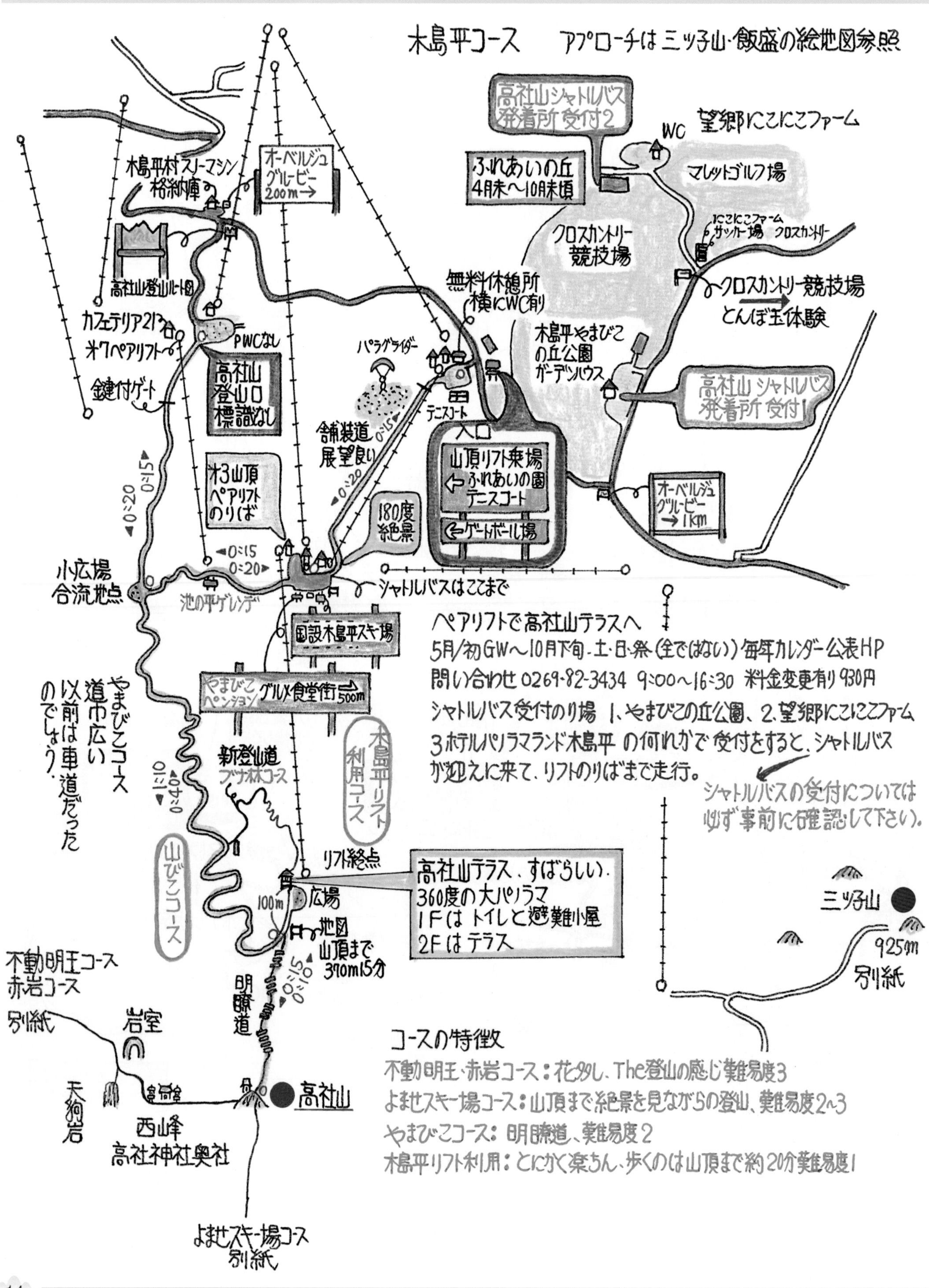

21 高社山 こうしゃさん／1351m／往復2時間50分

中野市と山ノ内町と木島平村の境の山

22 三ッ子山 みつごやま／925m／往復1時間15分

木島平村と山ノ内町の境の山

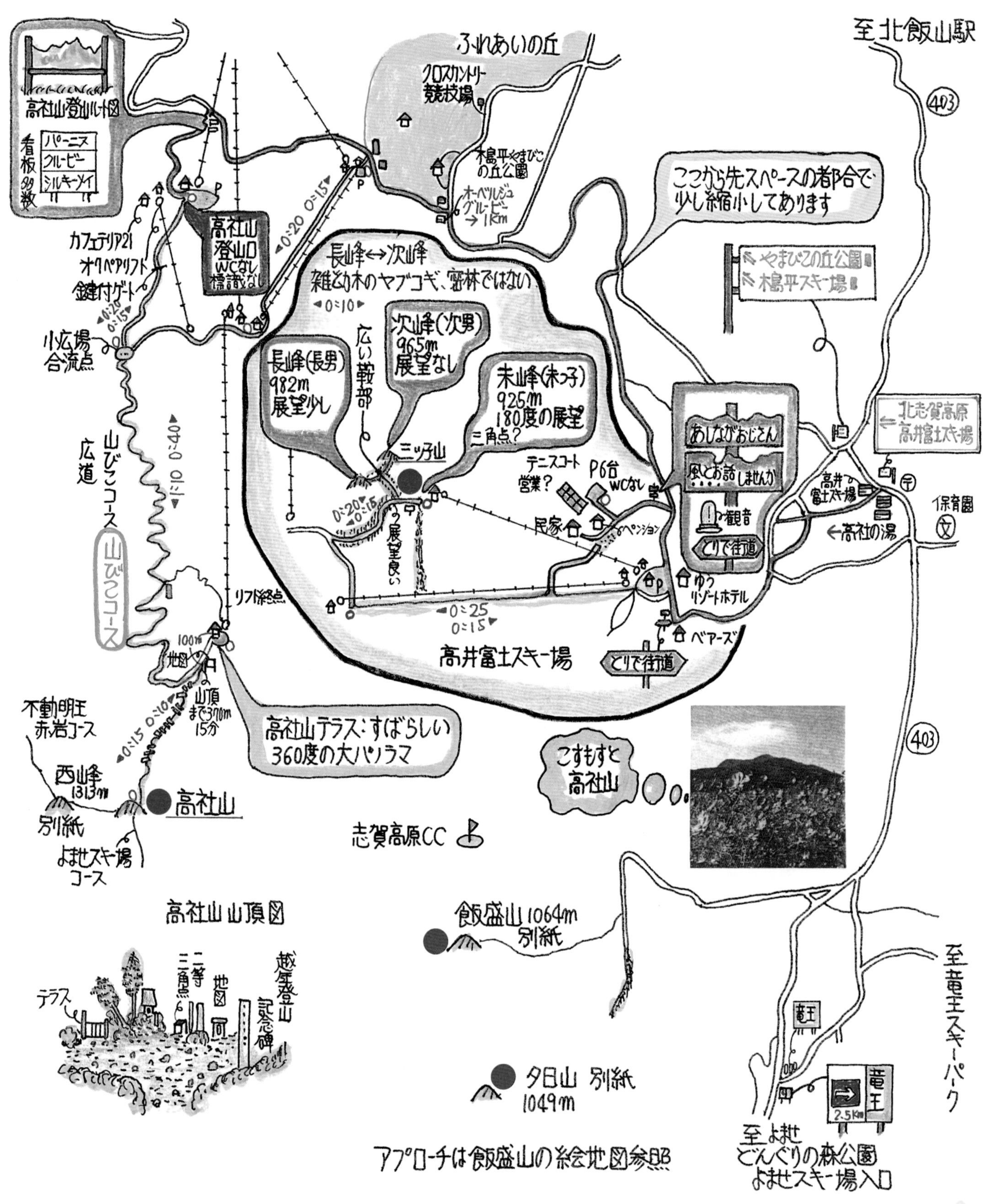

23 箱山 はこやま／695m／往復1時間5分

24 鴨ヶ嶽 かもがたけ／688m／往復1時間45分

別名：高梨城・鴨ヶ嶽城跡

以上は、中野市と山ノ内町の境の山

土豪の中野氏が築城したと言われているが定かでない。戦国期は高梨政盛が高梨氏館の詰めの要害として築城。高梨政頼は葛尾城主村上義清と対立していたが、1550年武田信玄が村上氏の戸石城（上田市）に侵攻、高梨氏と村上氏は和睦し連合して武田軍を撃退した。世に言う戸石崩れ…これ以降高梨氏は武田氏と敵対関係となる。村上氏の葛尾城落城後、味方の寝返り等有り、高梨氏は飯山城（泉氏）に籠城し、越後長尾影虎の援軍に助けられた。以後長尾氏に組し、1598年頃鴨ヶ嶽城は放棄されたと言われている。

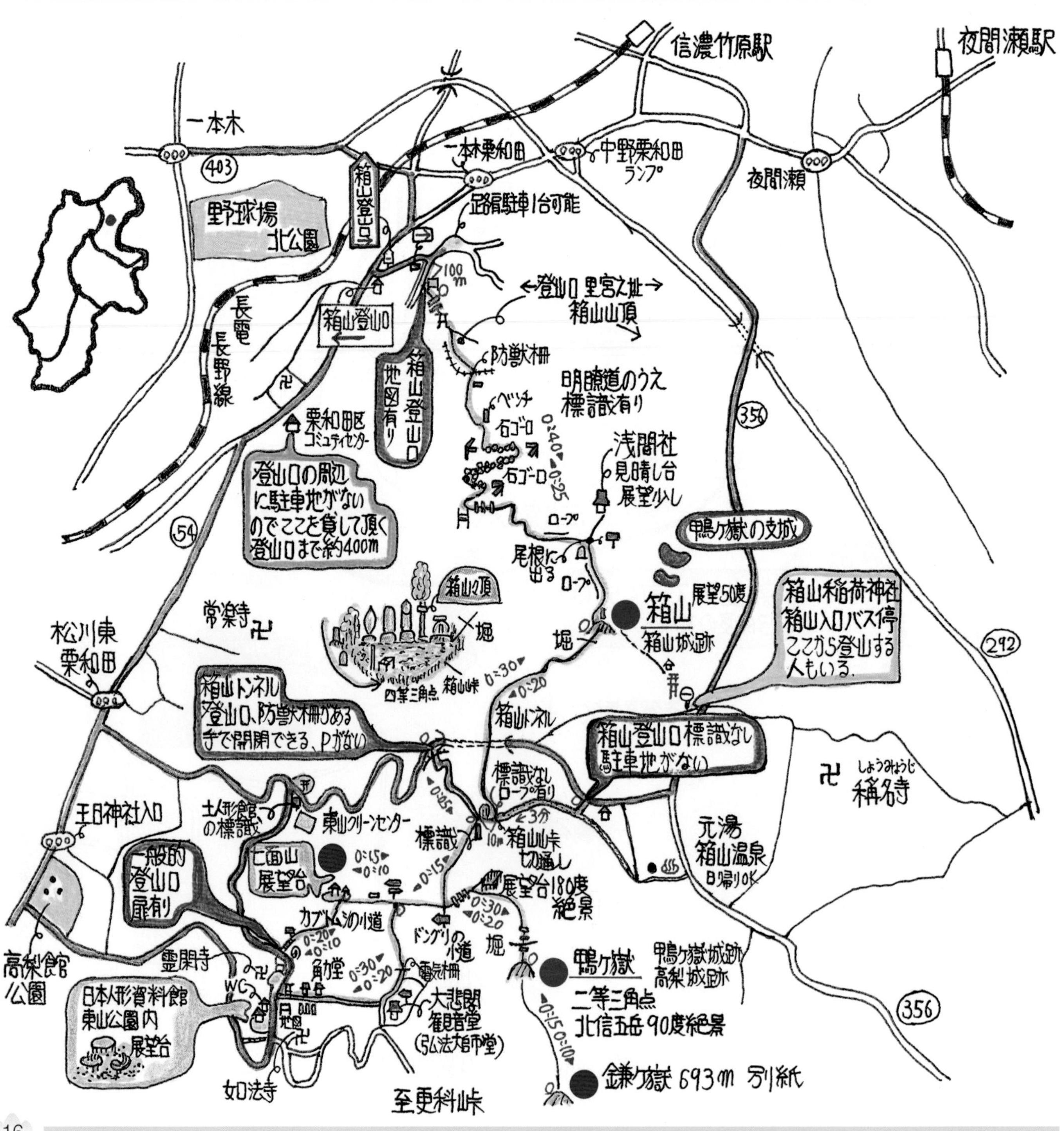

24 鴨ヶ嶽　かもがたけ／688m／往復2時間10分

25 鎌ヶ嶽　かまがたけ／693m／往復1時間45分

以上は、中野市と山ノ内町の境の山

26 菅城跡　すげじょうせき／687m／往復25分

山ノ内町に有る山

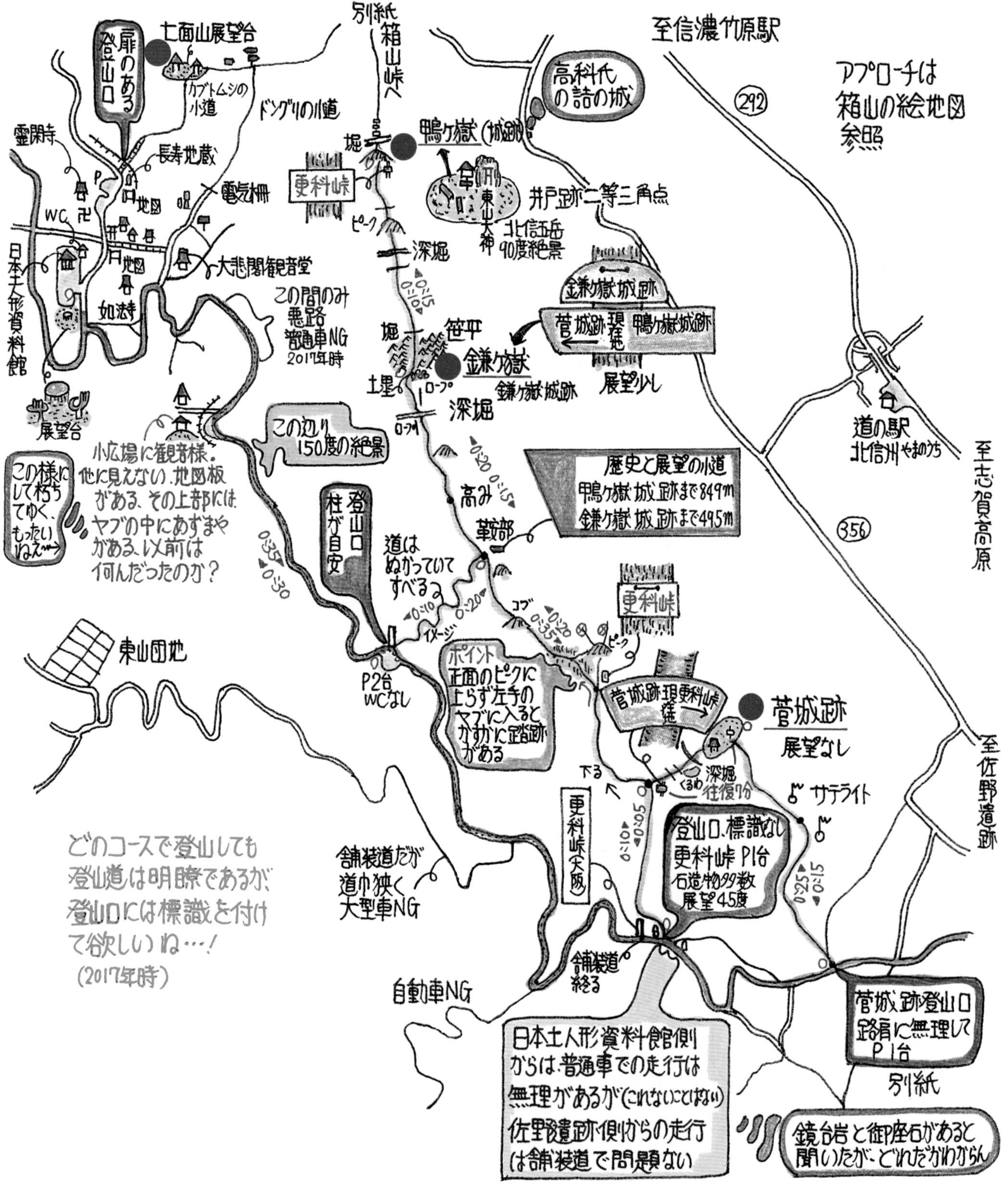

26 菅城跡 すげじょうせき／687m／往復40分

山ノ内町に有る山

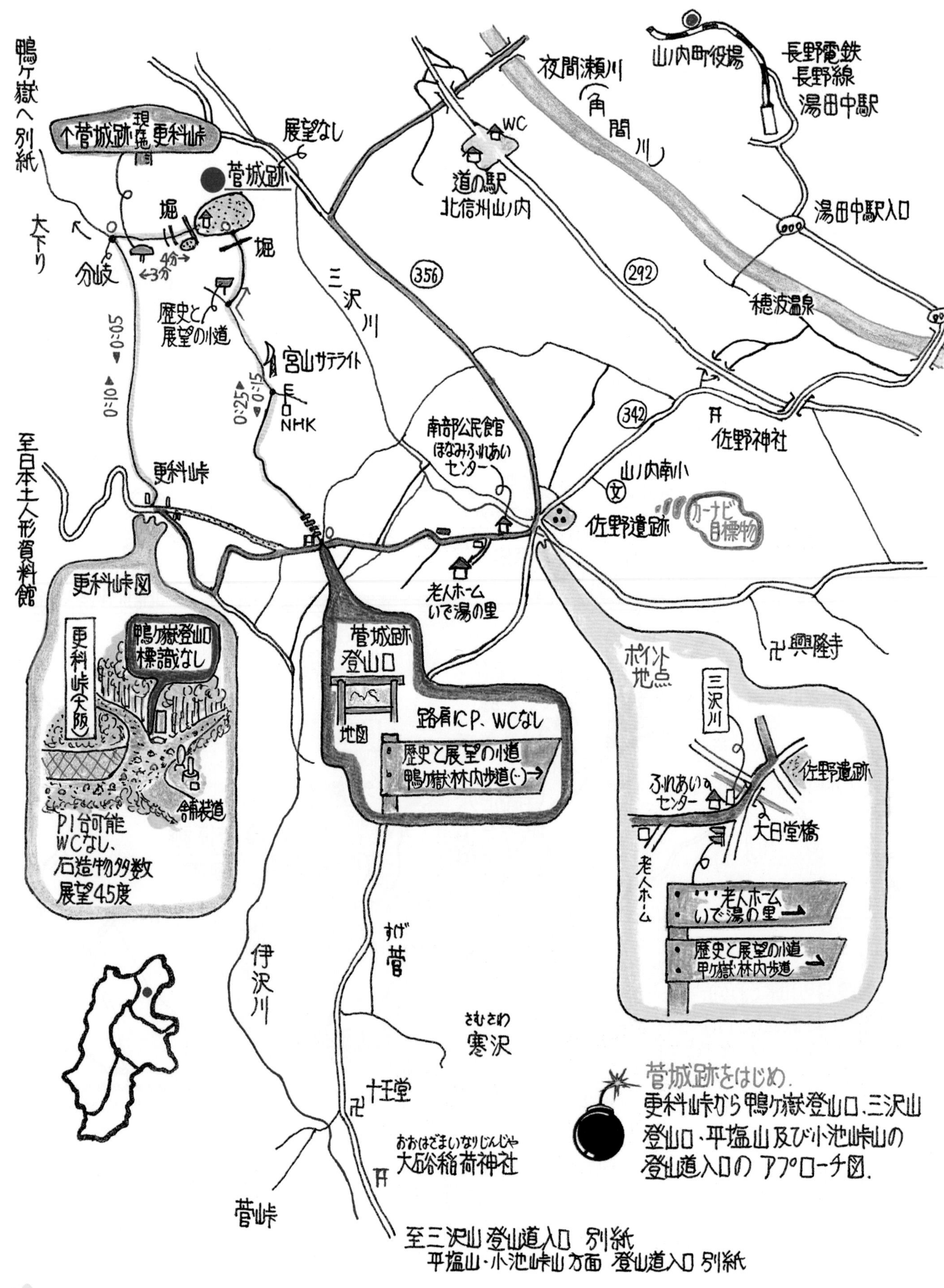

27 枡形城跡 ますがたじょうせき／711m
28 沼ノ入城跡 ぬまのいりじょうせき／785m
29 坪井城跡 つぼいじょうせき／899m
30 真山城跡 まやまじょうせき／698m
以上の全体図

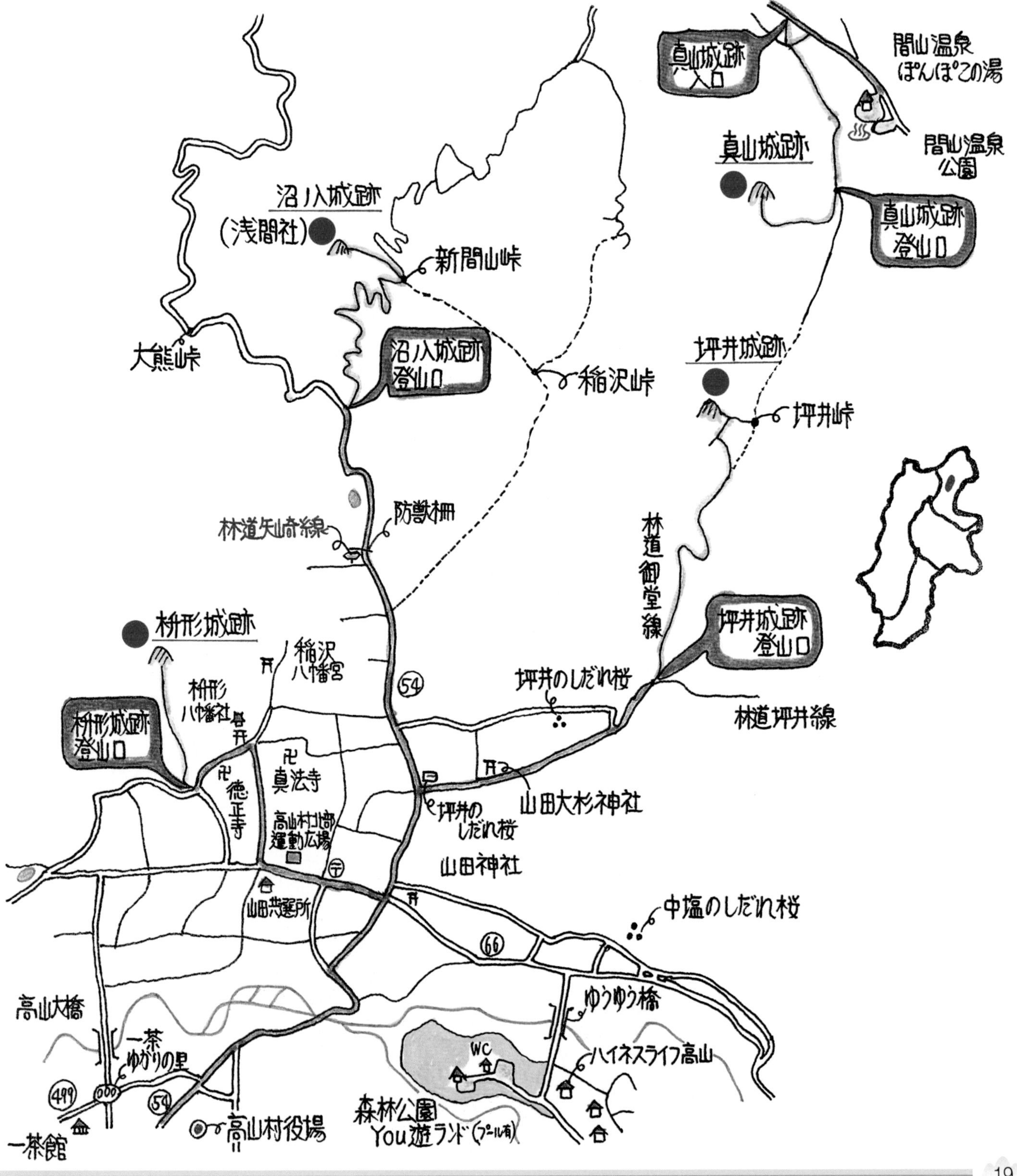

27 枡形城跡　ますがたじょうせき／711m／往復50分

高山村に有る山

28 沼ノ入城跡　ぬまのいりじょうせき／785m／往復1時間35分

中野市と高山村の境の山

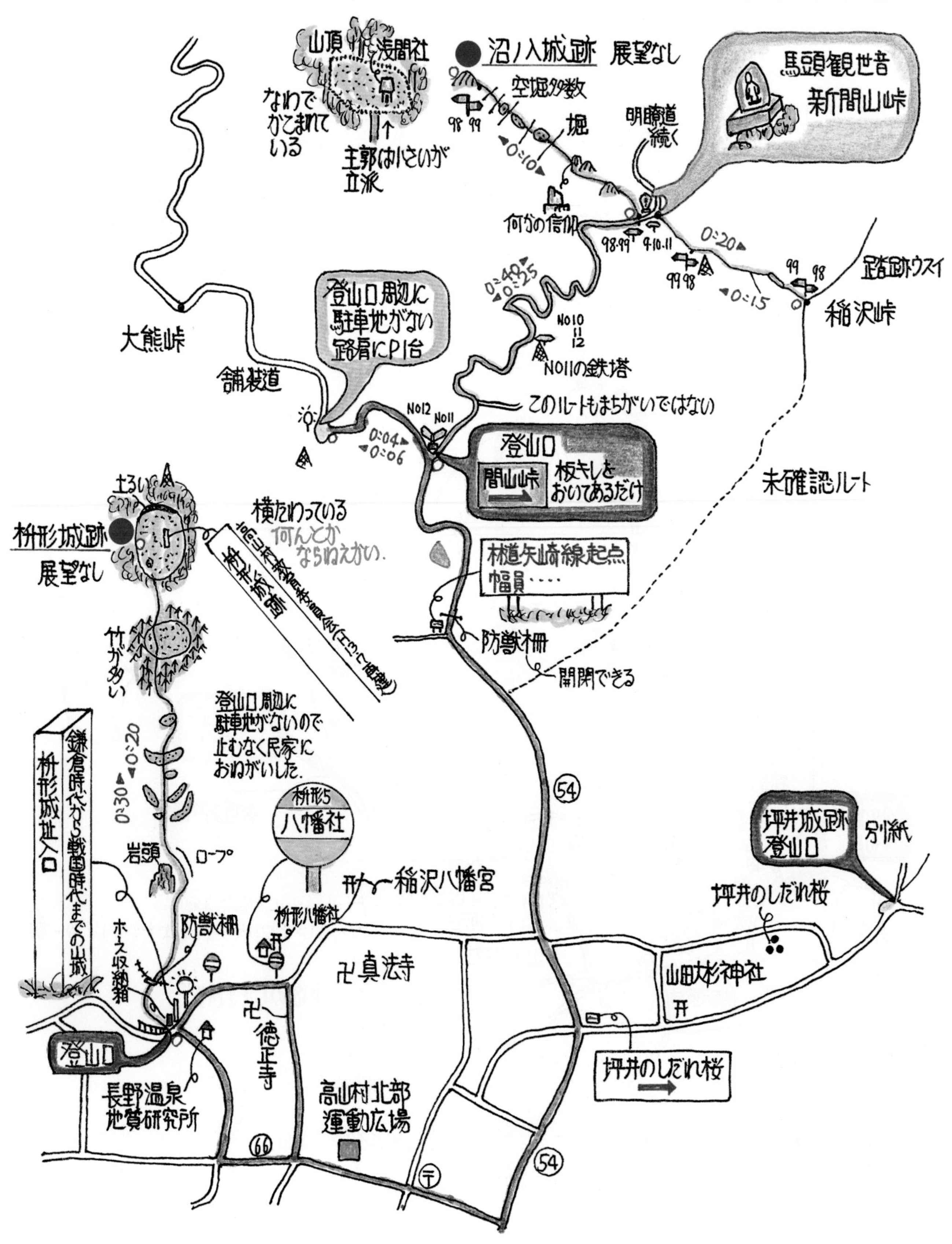

29 坪井城跡 つぼいじょうせき／899m／往復1時間55分

中野市と高山村の境の山

30 真山城跡 まやまじょうせき／698m／往復1時間25分

中野市に有る山

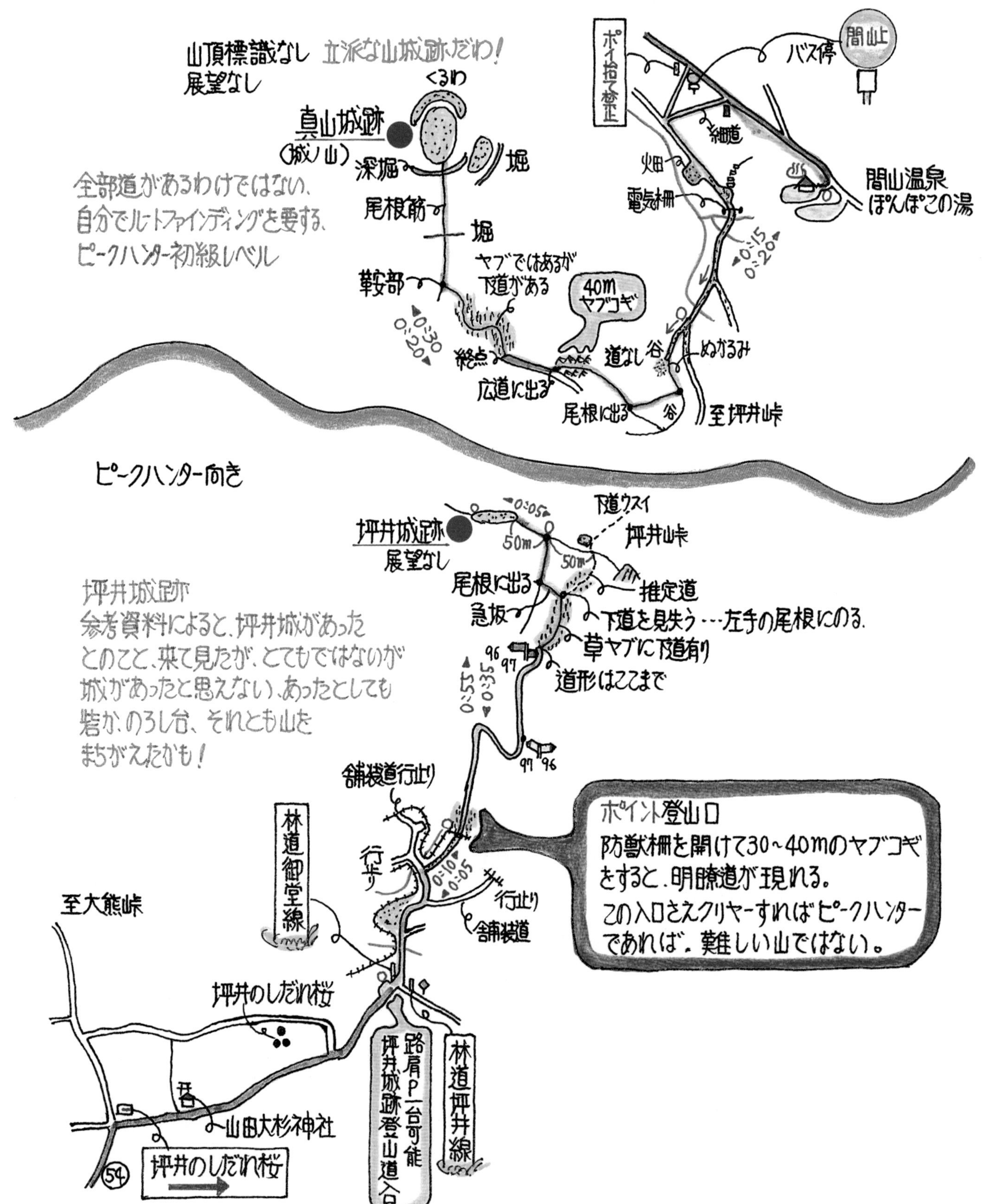

31 二十端城跡　つつはたじょうせき／544m／往復2時間15分

中野市と小布施町の境の山

32 賭屋場山　とやばさん／786m／往復3時間50分

別名：滝ノ入城跡

中野市と小布施町と高山村の境の山

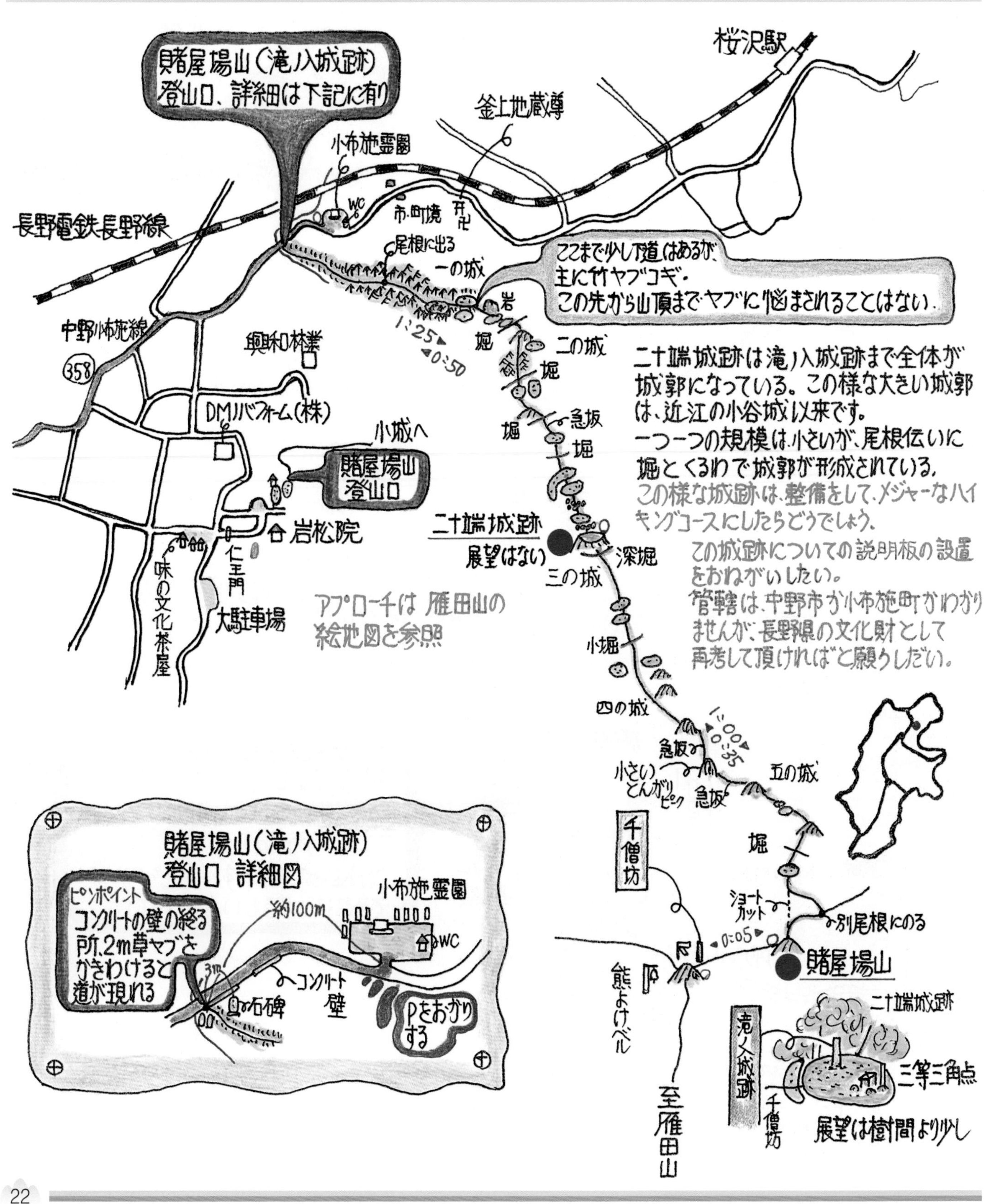

33 雁田山 かりたさん／759m／周遊約3時間10分

高山村と小布施町の境の山

別名かりだやま、かりださんとも云われている、山全体は信濃の豪族高梨氏の勢力下で苅田城とも云う。

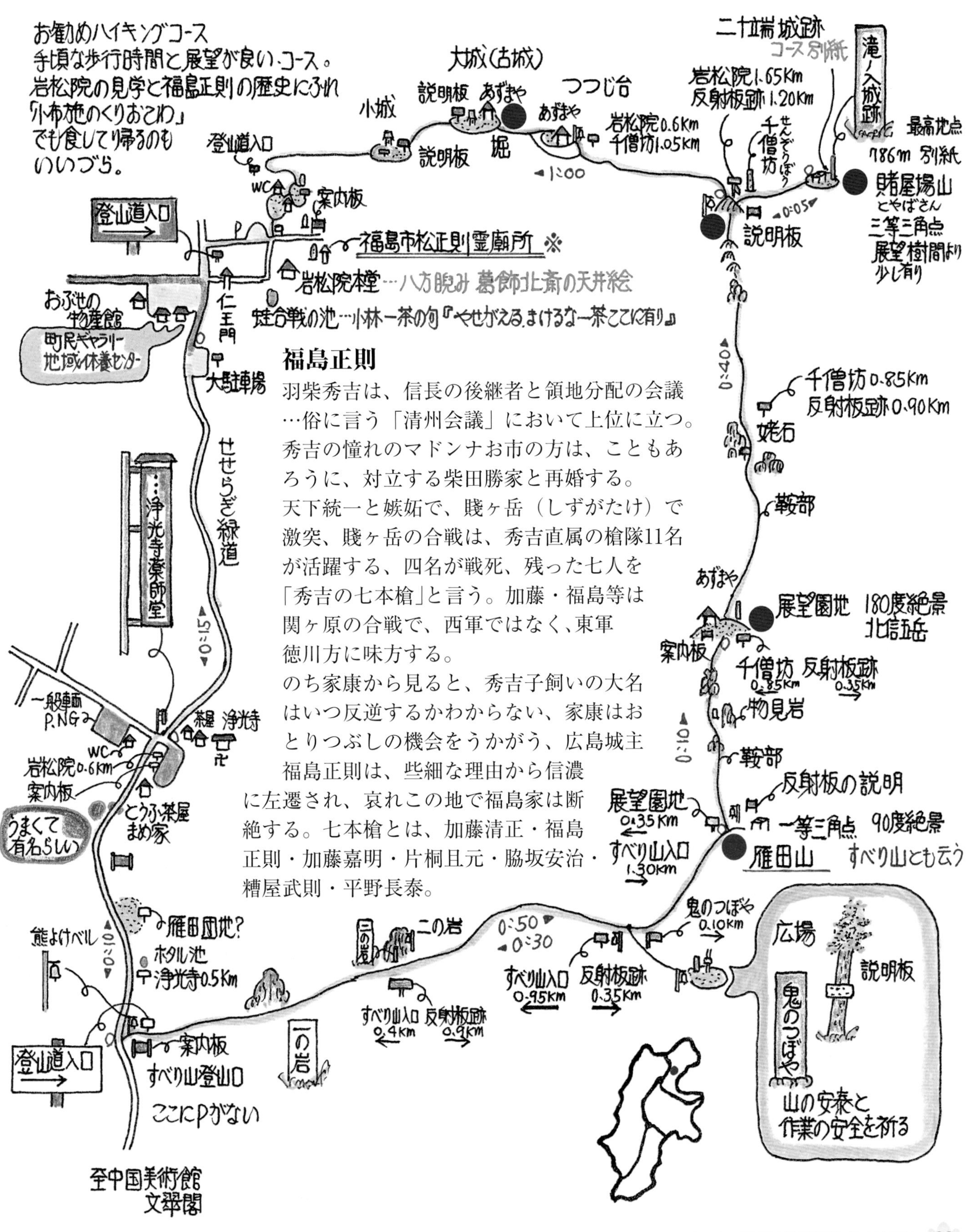

福島正則

羽柴秀吉は、信長の後継者と領地分配の会議…俗に言う「清州会議」において上位に立つ。秀吉の憧れのマドンナお市の方は、こともあろうに、対立する柴田勝家と再婚する。

天下統一と嫉妬で、賤ヶ岳（しずがたけ）で激突、賤ヶ岳の合戦は、秀吉直属の槍隊11名が活躍する、四名が戦死、残った七人を「秀吉の七本槍」と言う。加藤・福島等は関ヶ原の合戦で、西軍ではなく、東軍徳川方に味方する。

のち家康から見ると、秀吉子飼いの大名はいつ反逆するかわからない、家康はおとりつぶしの機会をうかがう、広島城主福島正則は、些細な理由から信濃に左遷され、哀れこの地で福島家は断絶する。七本槍とは、加藤清正・福島正則・加藤嘉明・片桐且元・脇坂安治・糟屋武則・平野長泰。

34 高井城山 たかいじょうやま／650m／往復35分

高山村に有る山

地元では城山公園として親しまれている。
５月初旬には、ヤマツツジ3000株で真っ赤になる。
高井城山から紫子萩山に向かったが…ヤブコギで断念した。

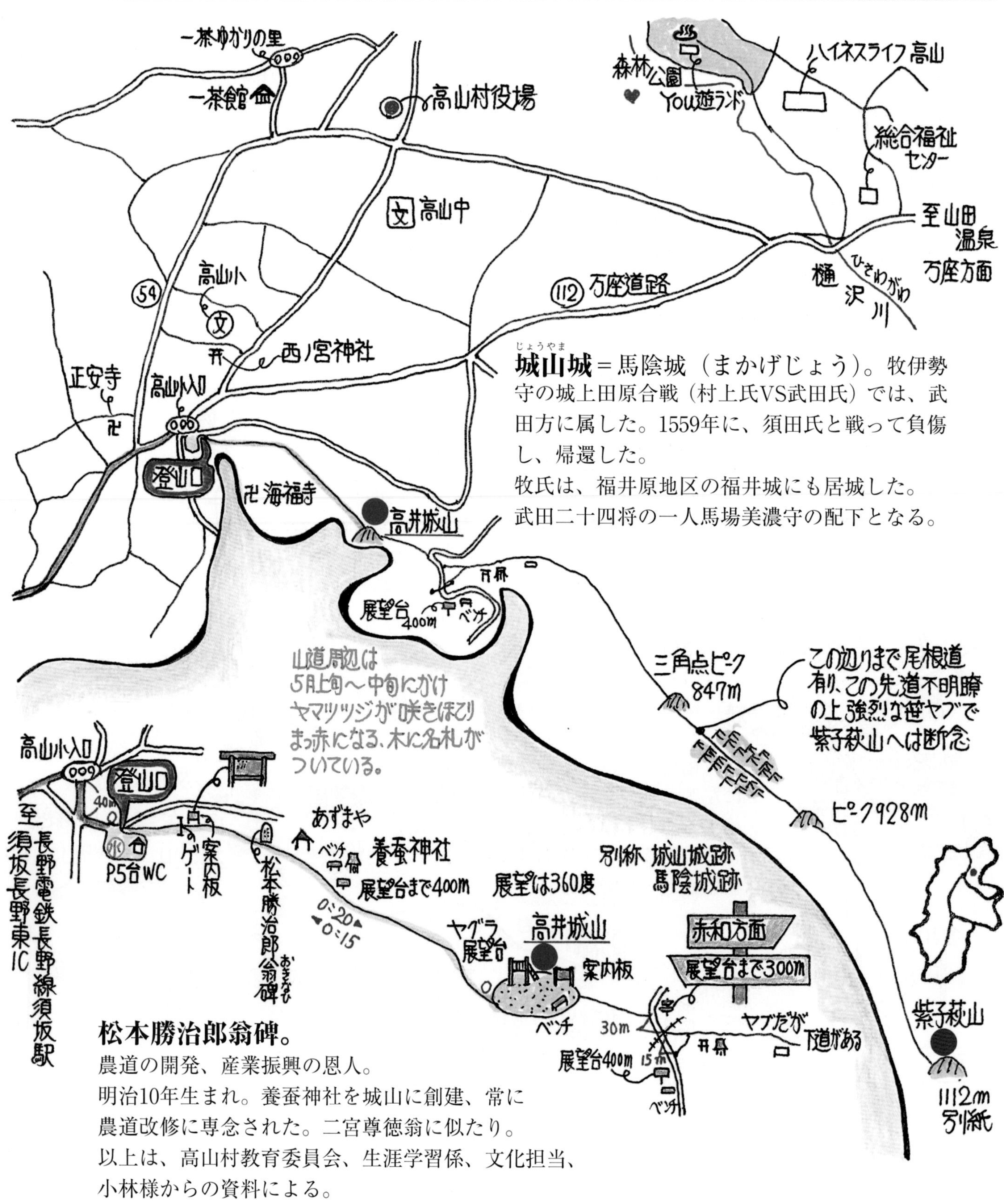

城山城（じょうやま）＝馬陰城（まかげじょう）。牧伊勢守の城上田原合戦（村上氏VS武田氏）では、武田方に属した。1559年に、須田氏と戦って負傷し、帰還した。
牧氏は、福井原地区の福井城にも居城した。
武田二十四将の一人馬場美濃守の配下となる。

松本勝治郎翁碑。
農道の開発、産業振興の恩人。
明治10年生まれ。養蚕神社を城山に創建、常に
農道改修に専念された。二宮尊徳翁に似たり。
以上は、高山村教育委員会、生涯学習係、文化担当、
小林様からの資料による。

35 紫子萩山　しねはぎやま／1112m／往復1時間5分

高山村に有る山

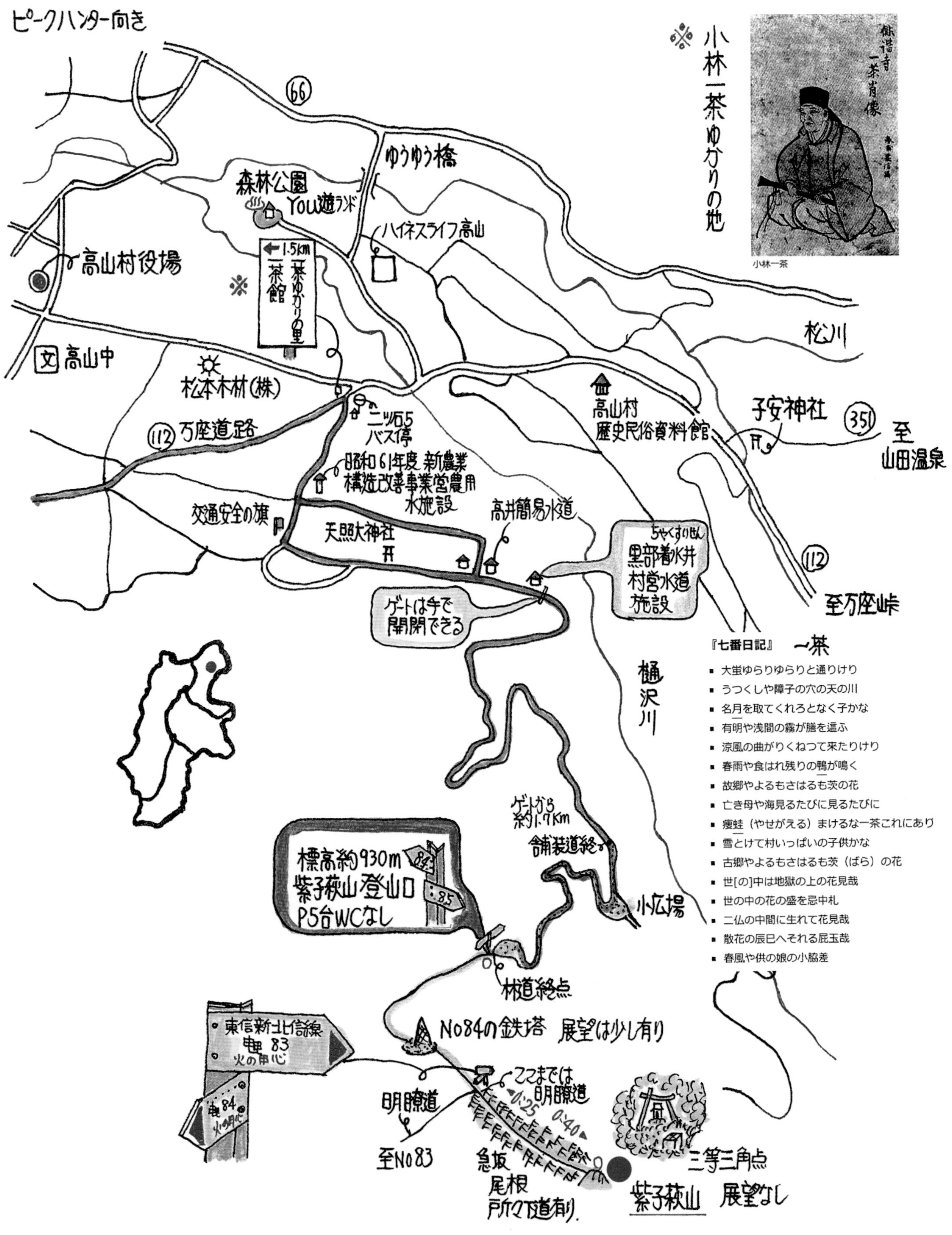

36 月生城址　つきおいじょうし／718m／往復1時間30分

高山村に有る山

余り馴染みのない山。地元の人の話では、「最近月生城址の登山口を訪ねる人が増えた、又雨引き城跡から下山し、道に迷って、私の家に飛び込んで来た」と言っていた。HPを見ると、郭・堀・城跡の図の説明ばかり、一番肝心な登山口の具体的説明は一つもない。この地図では、一人でも安全安心して登山できるよう、図で解説する。

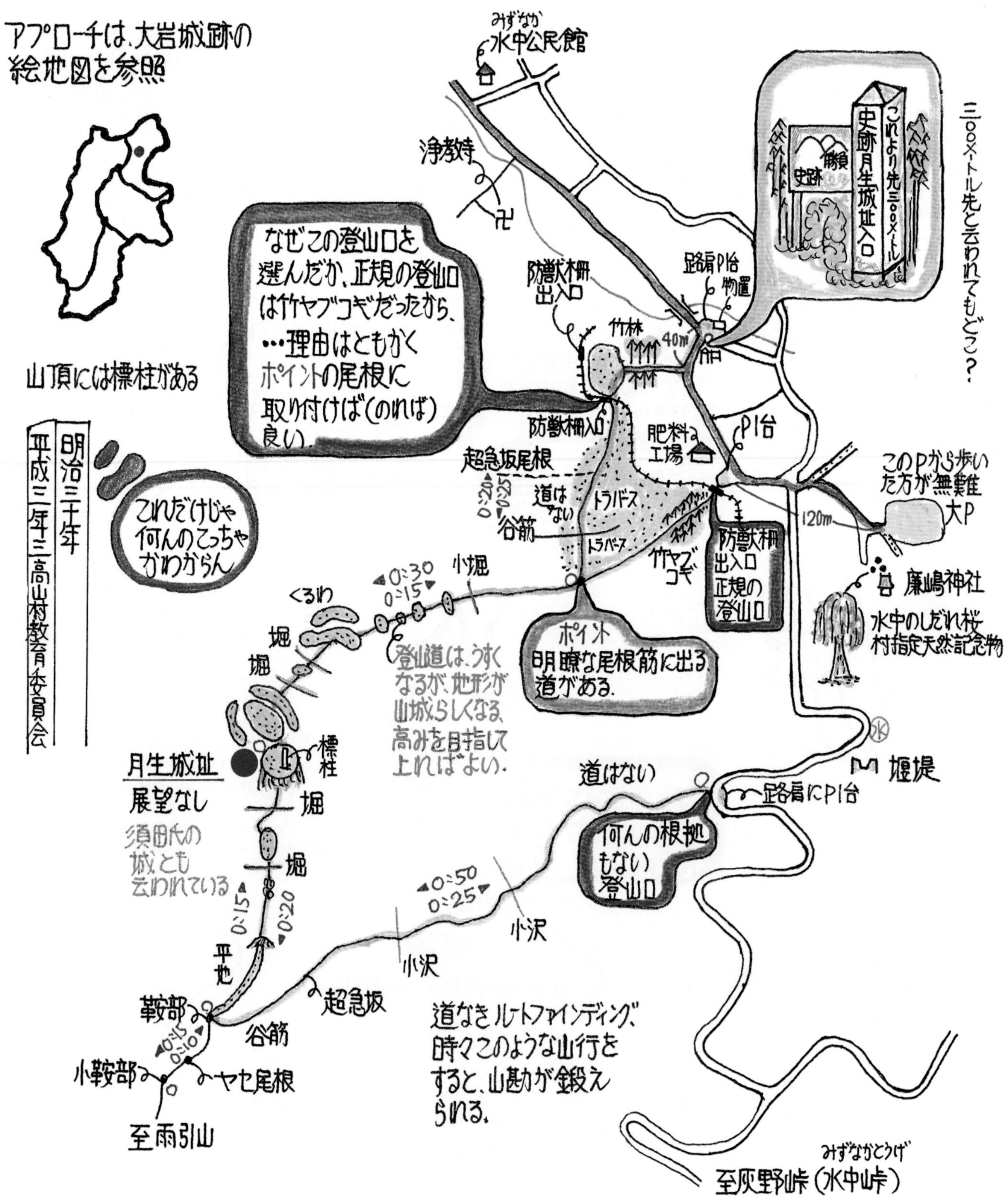

37 大岩城跡 おおいわじょうせき／677m／往復1時間50分

須坂市と高山村の境の山

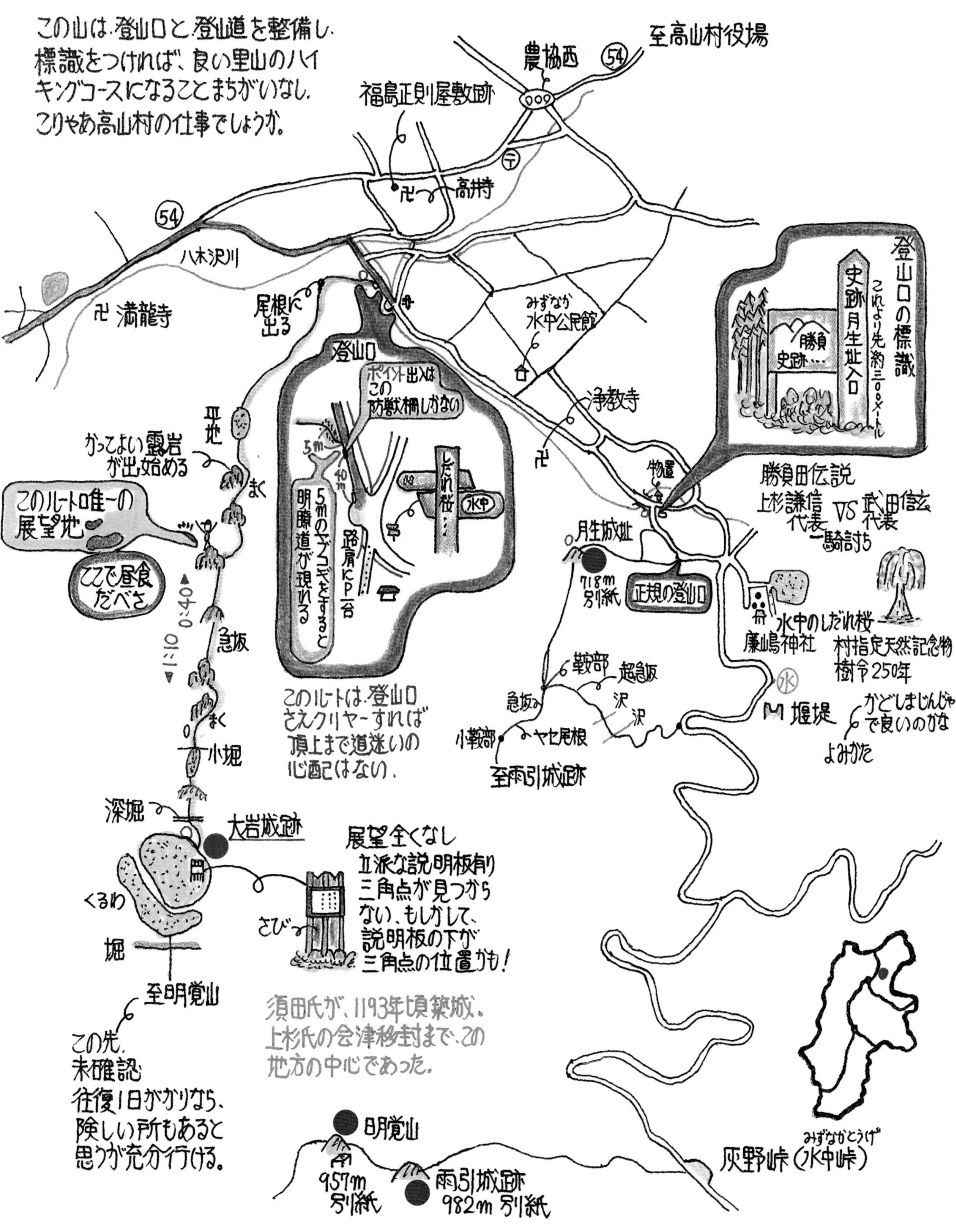

38 雨引城跡 あまびきじょうせき／982m／往復50分

須坂市と高山村の境の山

39 明覚山 みょうかくさん／957m／往復1時間

須坂市に有る山

コース１　灰野峠から…一番楽なコース
灰野峠：はいのとうげ（高井側の言い方）＝水中峠：みずなかとうげ（須坂側の言い方）。
雨引城：戦国期は須田満国、満親親子が城主、武田氏の進攻により越後上杉氏を頼ってこの地を去る。須田氏は武田氏滅亡後、海津（現松代城）城将として北信地方を治めた。上杉氏の会津移封には子の満親が従った…上杉はやがて会津から山形米沢に流れる…須田氏の子孫は上杉鷹山の改革に反対して切腹して果てる。

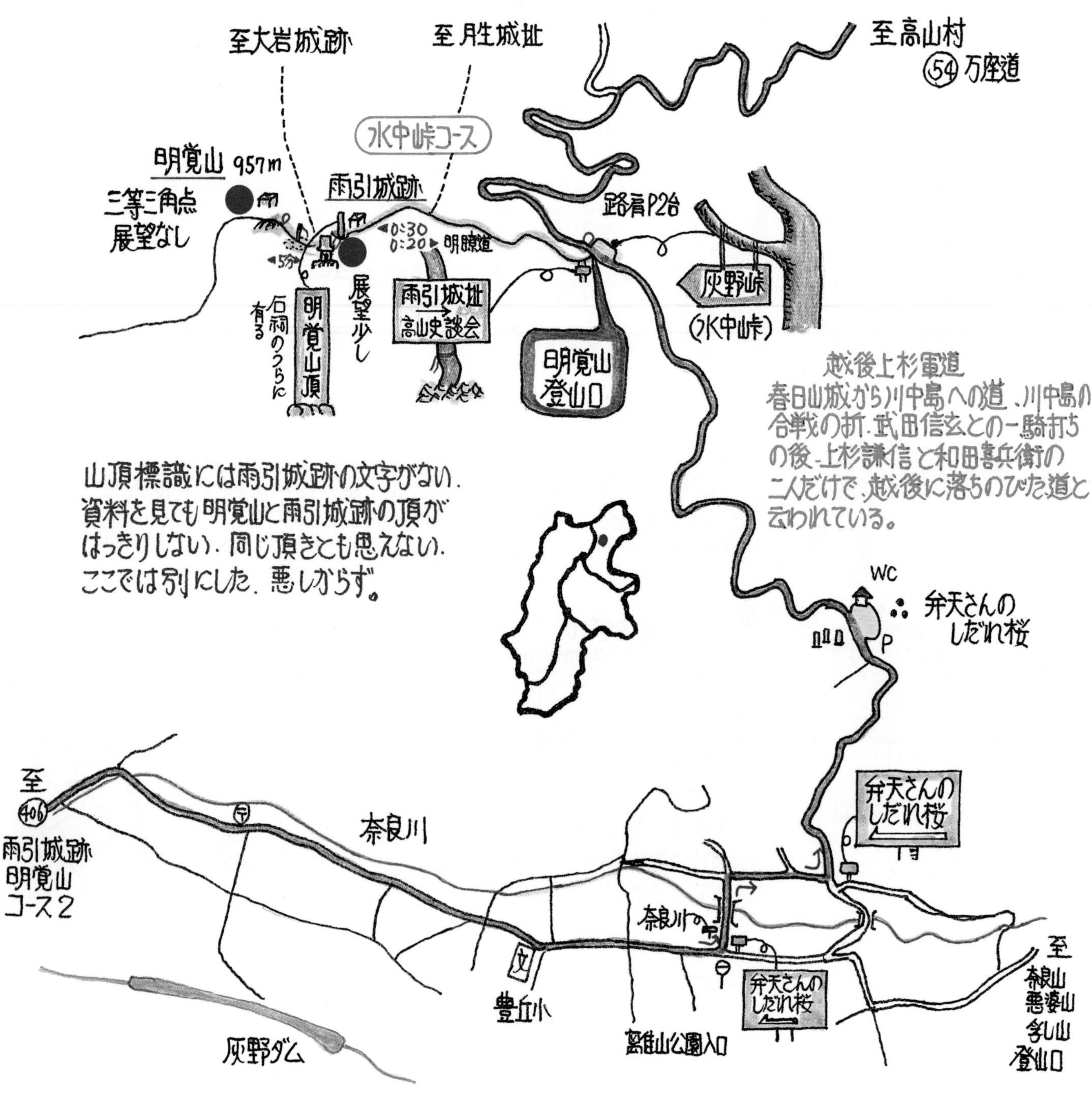

38 雨引城跡　あまびきじょうせき／982m／周遊約6時間20分

須坂市と高山村の境の山

39 明覚山　みょうかくさん／957m／往復約5時間

須坂市に有る山

コース２　市民体育館～天徳寺周遊コース　約6時間20分
須田城跡又は臥竜公園（山）がりゅうこうえん：桜名所百選と須坂動物園は以前カンガルーのハッチで有名。上杉景勝の重臣、直江兼続の妹が須田氏に嫁ぐ。守護職小笠原氏は信濃をまとめることが出来なかった、戦国時代の須坂には、土井氏・高梨氏・須田氏などの国人領主として勢力をもち武士団を形成、川中島の合戦は、越後の上杉氏・甲斐の武田氏に組するもの、一族でも敵味方になった、1573年武田信玄他界、1578年上杉謙信他界、信濃の国は武田勝頼の領国となる、武田滅亡後は織田信長の家臣森長可（ながよし、森蘭丸の兄）が守護となるが織田氏が滅びると、信濃武士団の多くは上杉景勝の家臣団に組み込まれていった。

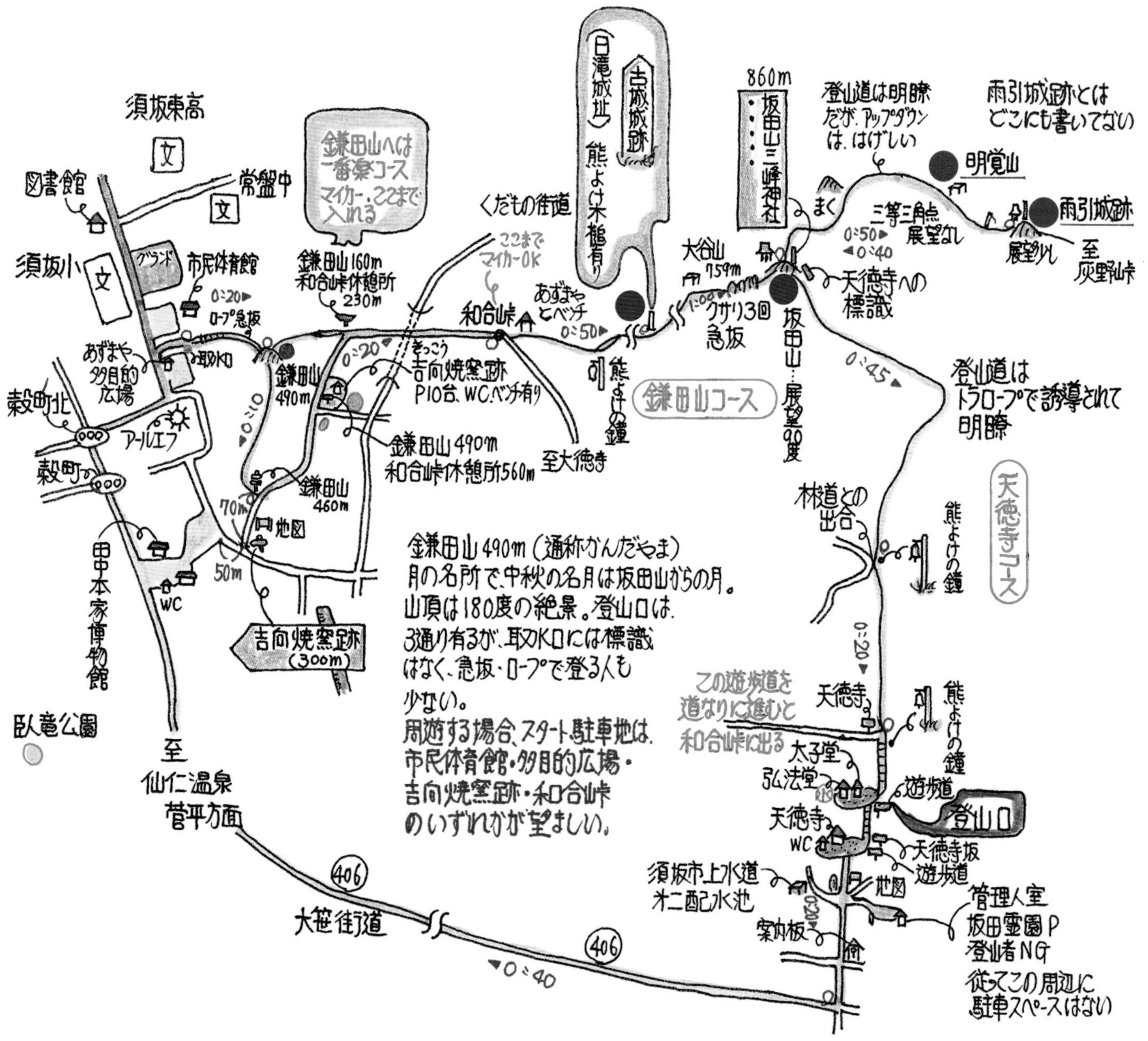

40 臥竜山 がりゅうざん／471m／周遊40分

41 久保山 くぼやま／672m／往復1時間5分

以上は、須坂市に有る山

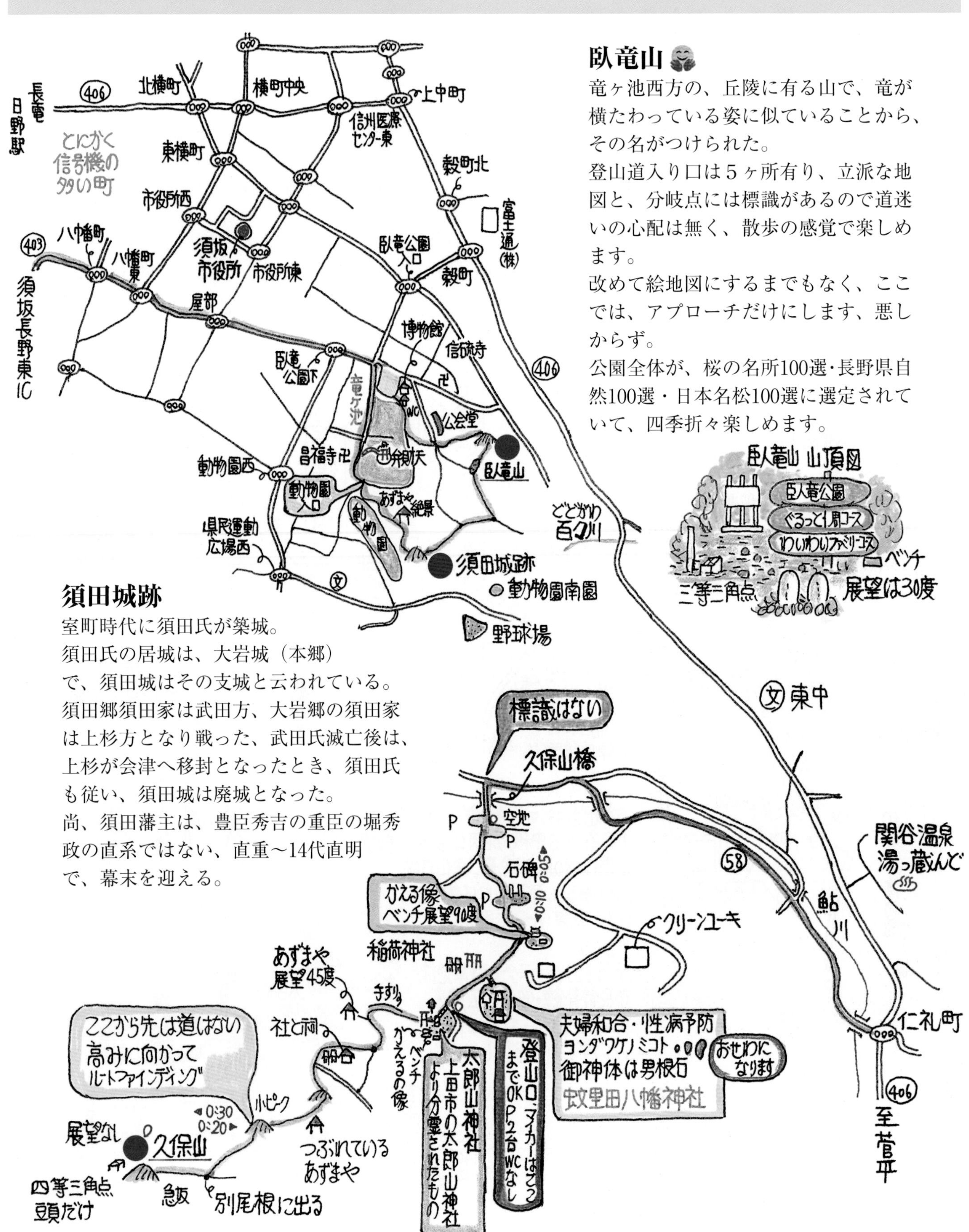

臥竜山

竜ヶ池西方の、丘陵に有る山で、竜が横たわっている姿に似ていることから、その名がつけられた。

登山道入り口は５ヶ所有り、立派な地図と、分岐点には標識があるので道迷いの心配は無く、散歩の感覚で楽しめます。

改めて絵地図にするまでもなく、ここでは、アプローチだけにします、悪しからず。

公園全体が、桜の名所100選・長野県自然100選・日本名松100選に選定されていて、四季折々楽しめます。

須田城跡

室町時代に須田氏が築城。

須田氏の居城は、大岩城（本郷）で、須田城はその支城と云われている。

須田郷須田家は武田方、大岩郷の須田家は上杉方となり戦った、武田氏滅亡後は、上杉が会津へ移封となったとき、須田氏も従い、須田城は廃城となった。

尚、須田藩主は、豊臣秀吉の重臣の堀秀政の直系ではない、直重～14代直明で、幕末を迎える。

42 竹ノ城山 たけのじょうやま／544m／往復50分

須坂市に有る山

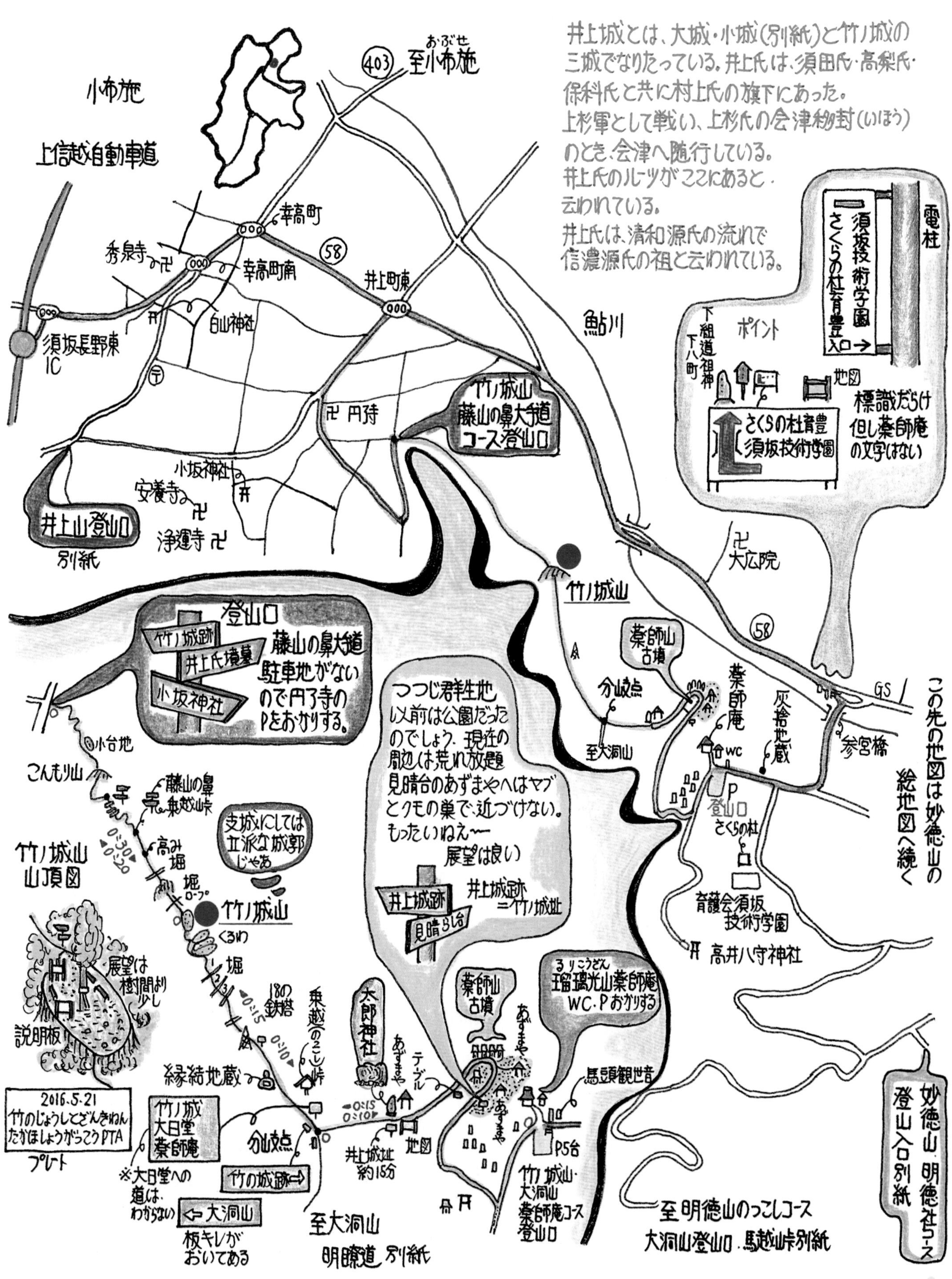

43 須坂市の大洞山 おおぼらやま／847m／往復35分

44 井上山 いのうえやま／771m／往復1時間10分

以上は、長野市と須坂市の境の山

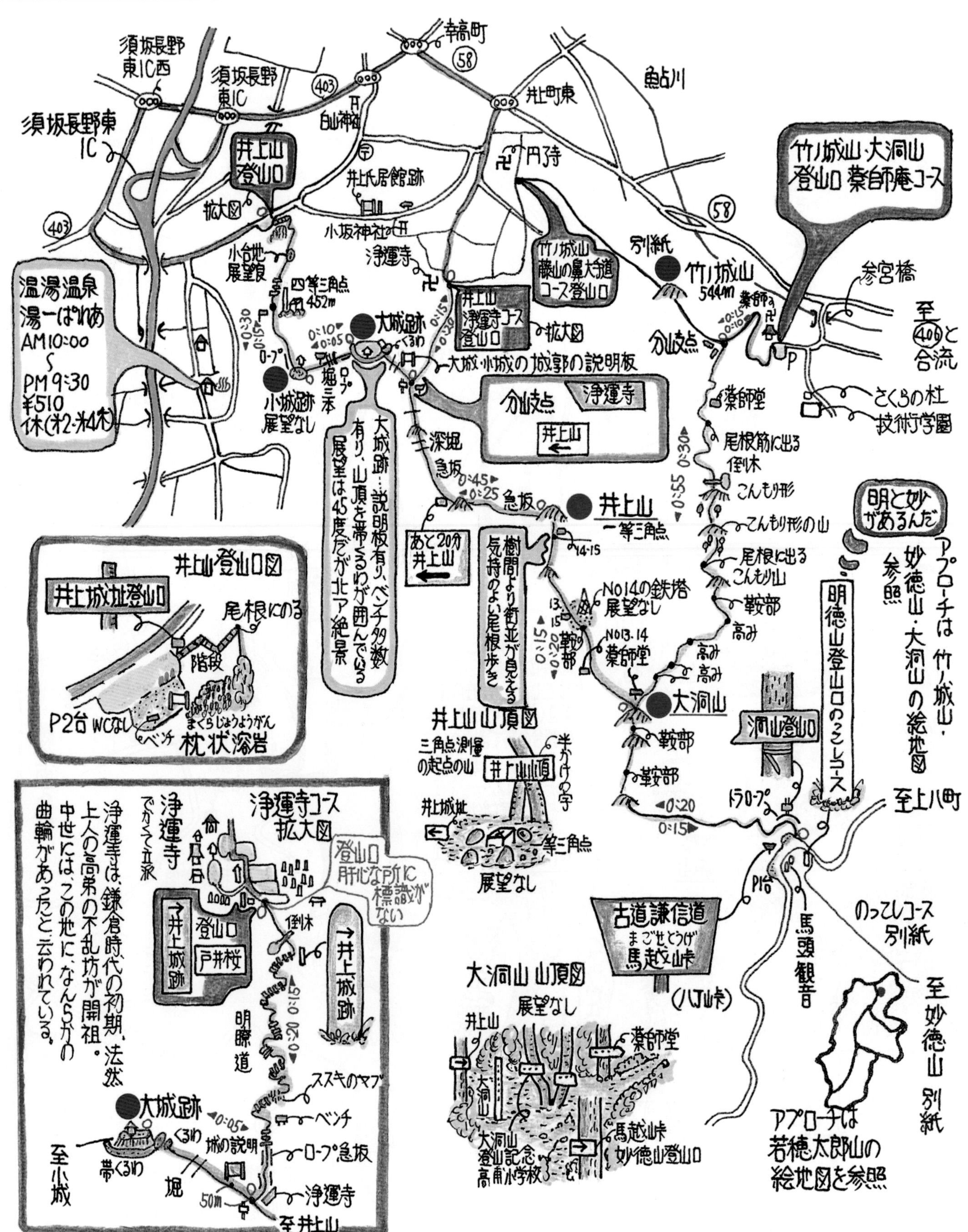

43 須坂市の大洞山 おおぼらやま／847m／往復35分

45 妙徳山 みょうとくさん／1293m／往復2時間35分

以上は、長野市と須坂市の境の山

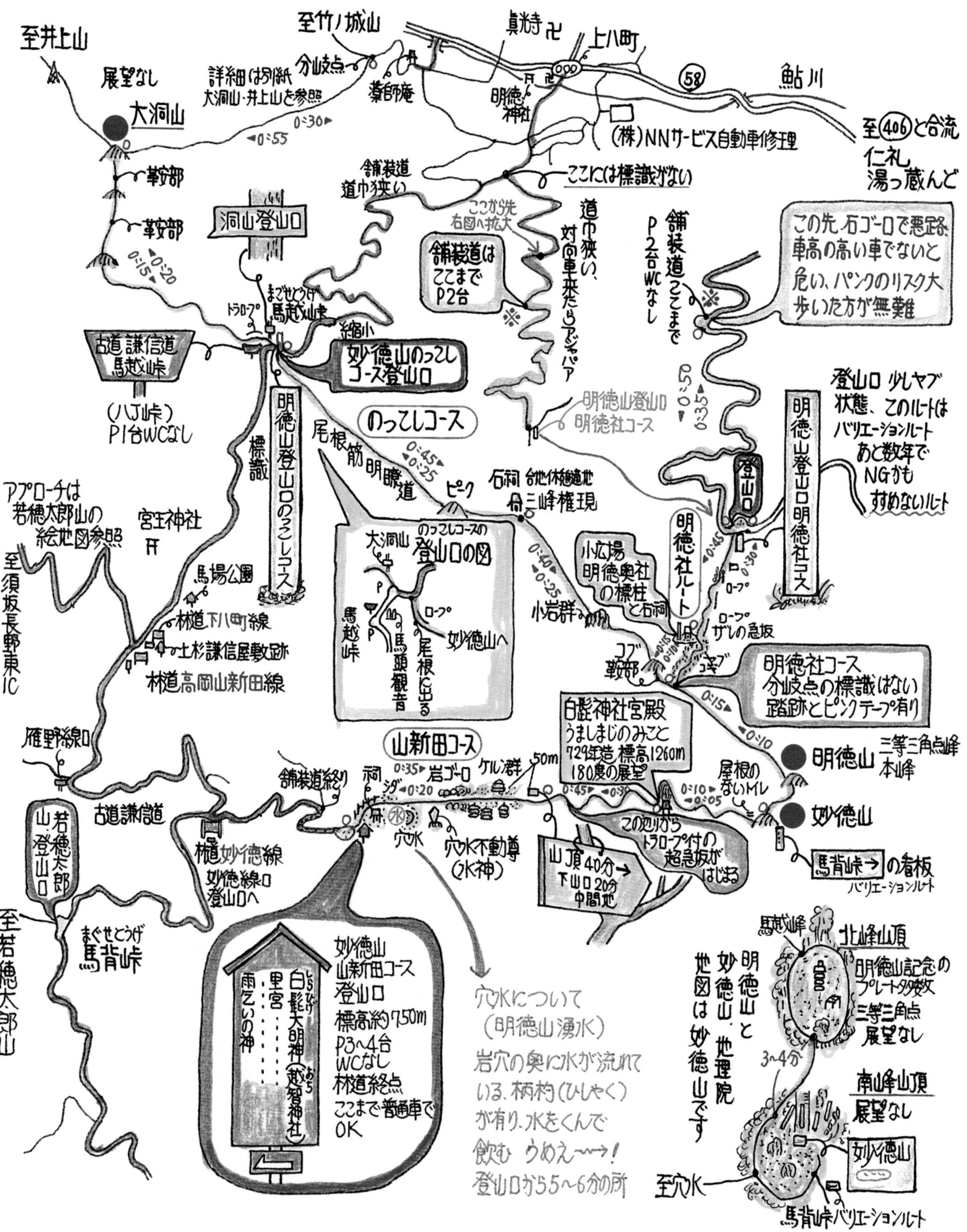

46 梯子山　はしごやま／1513m／往復1時間20分

須坂市に有る山

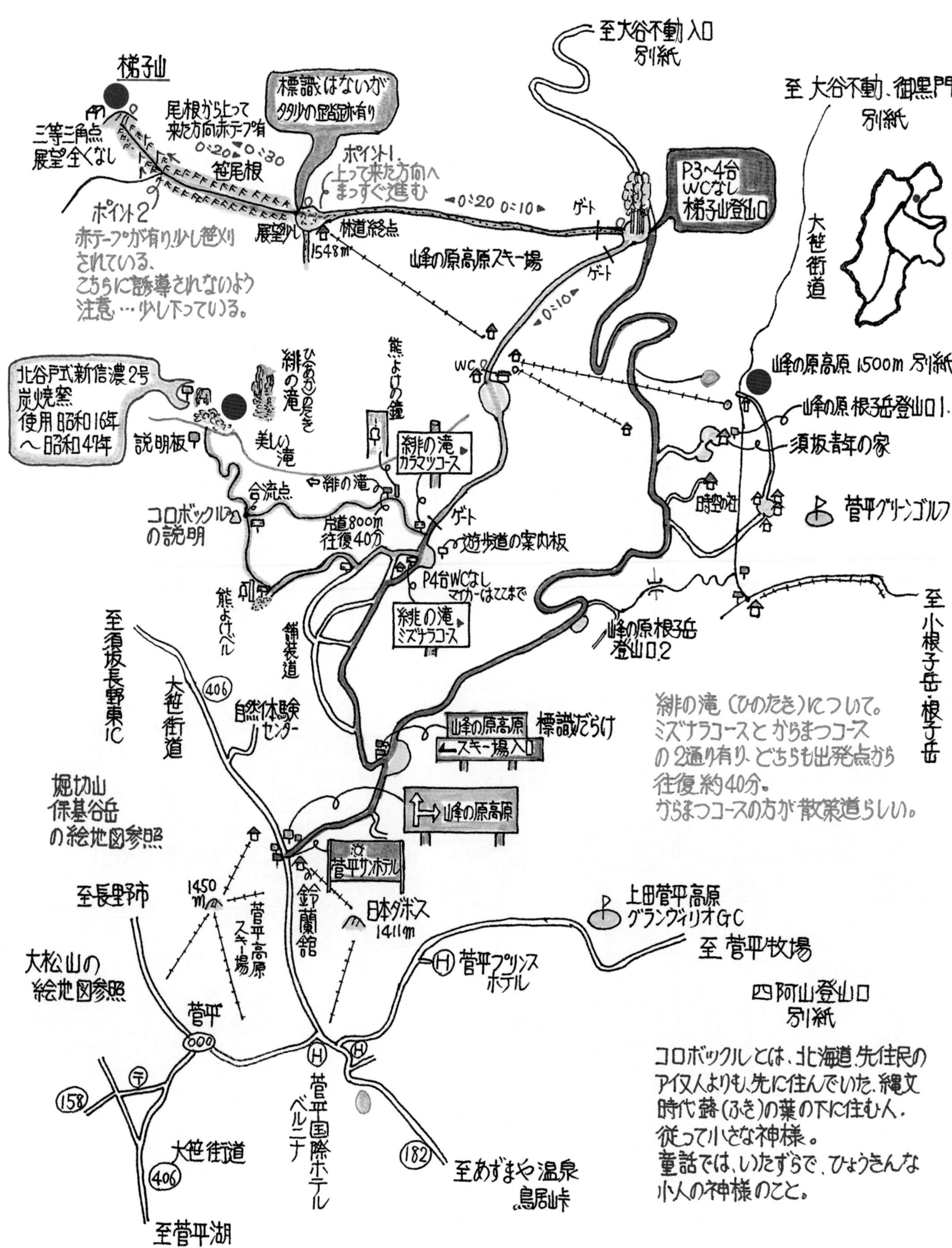

47 大谷不動奥の院 おおやふどうおくのいん／1410m／往復1時間10分

48 峰の原高原 みねのはらこうげん／1500m／往復2時間

以上は、須坂市に有る山

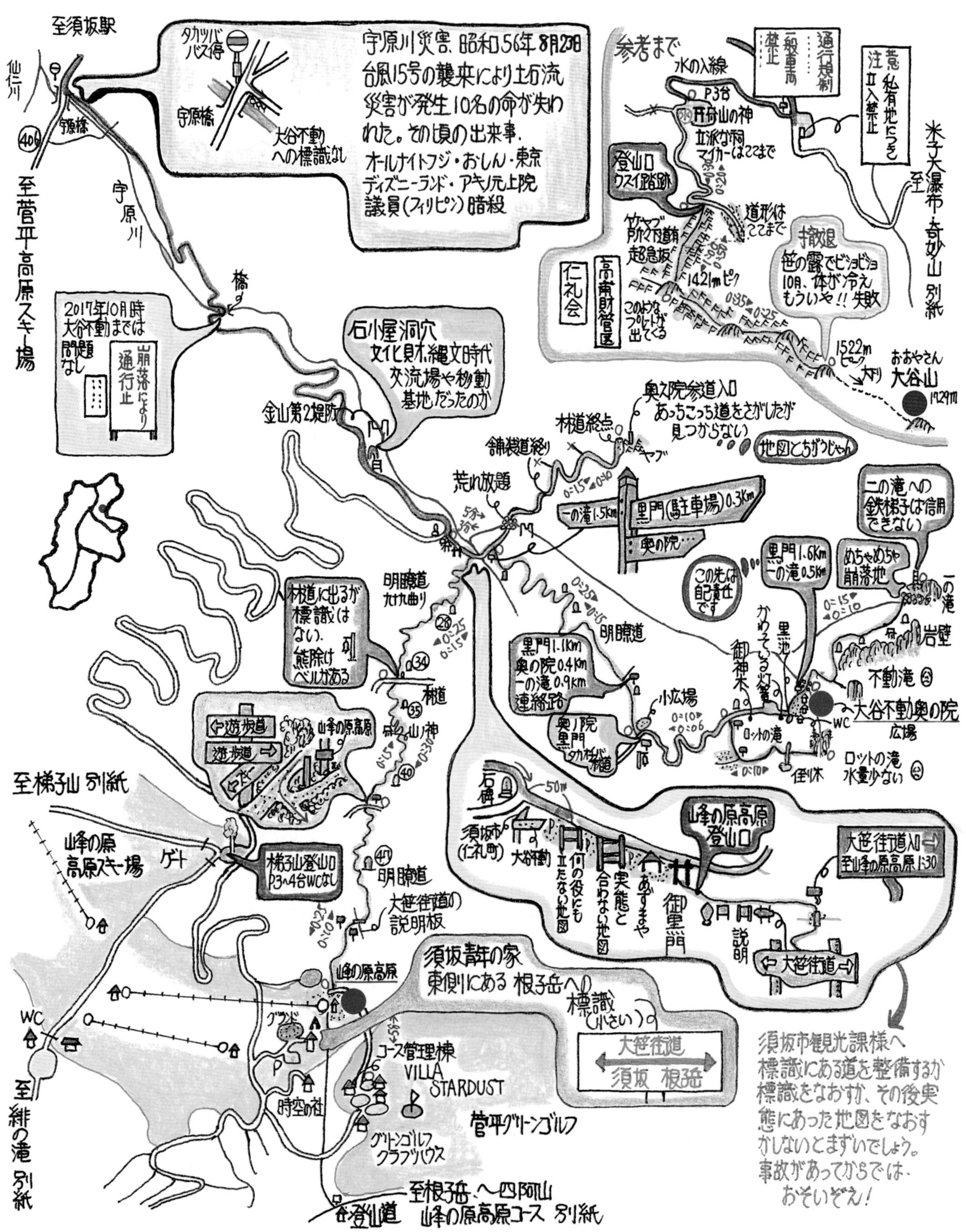

49 小根子岳 こねこだけ／2128m／往復5時間45分

上田市と須坂市の境の山

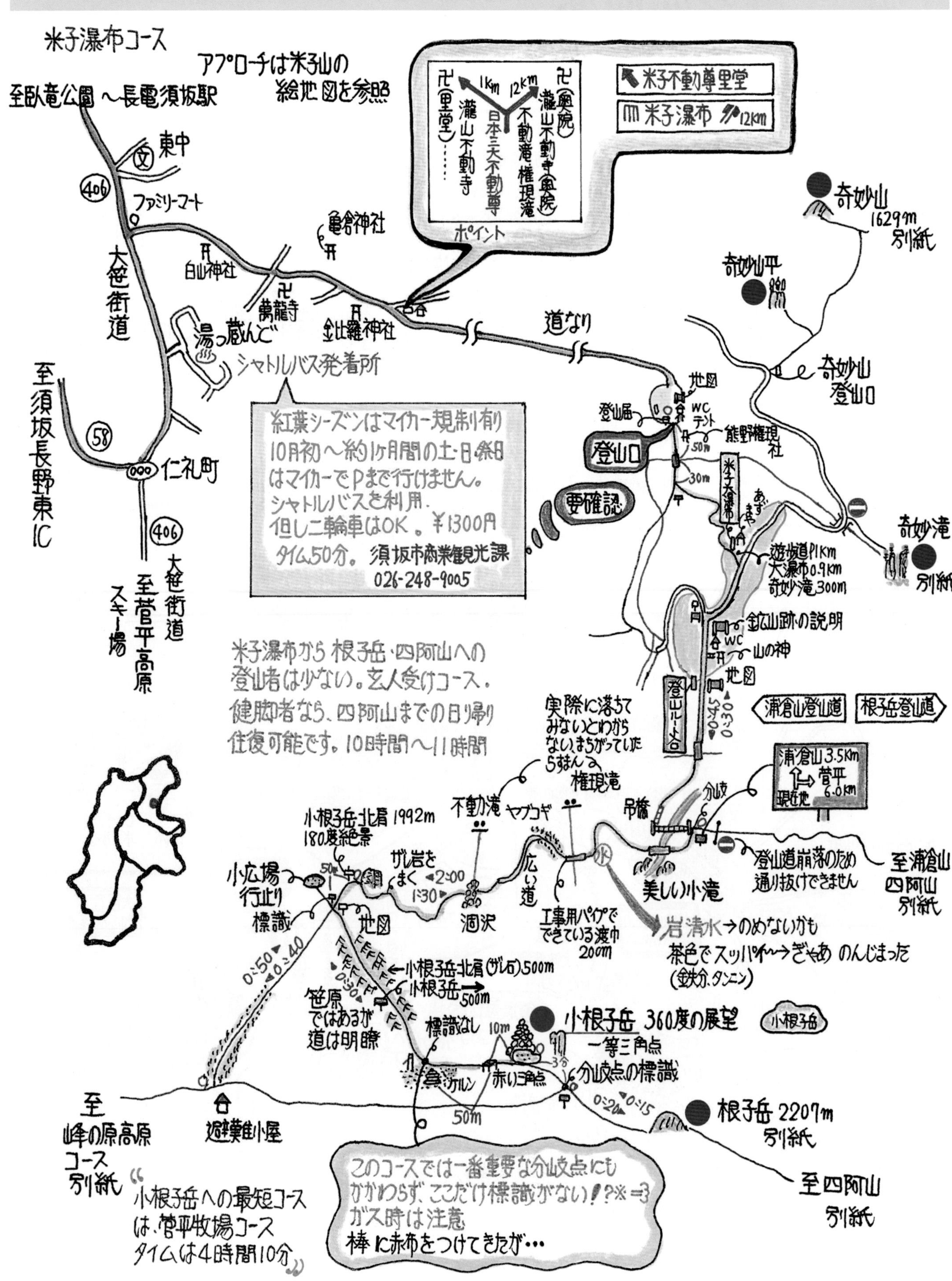

50 四阿山　あずまやさん／2354m／往復約6時間

上田市と須坂市と群馬県嬬恋村の境の山　百名山

51 根子岳　ねこだけ／2207m／往復3時間30分

上田市と須坂市の境の山　花の百名山

コースは、群馬県側から３通り、長野県側は、６通りあり、１年中楽しめる山。

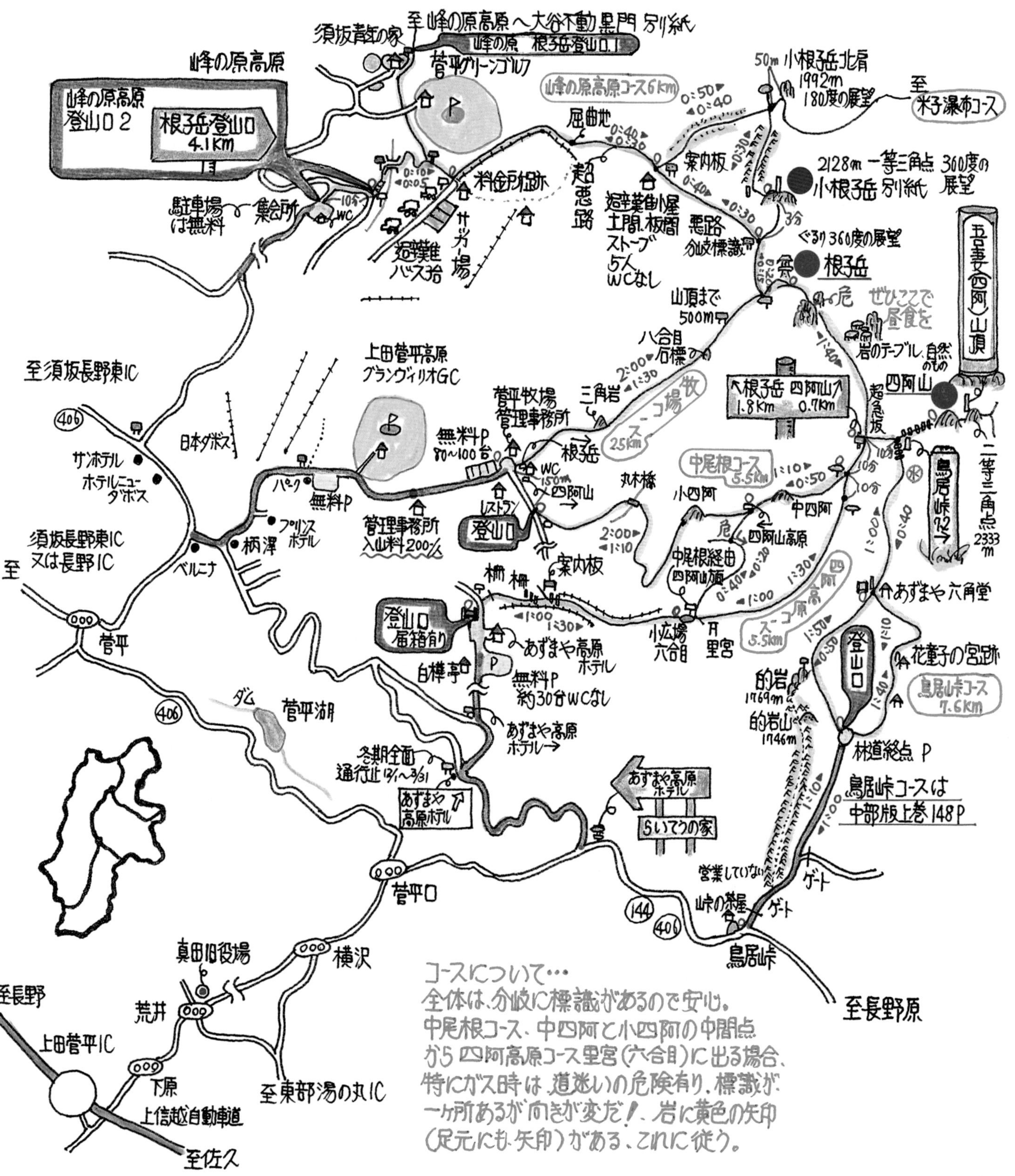

50 四阿山 あずまやさん／2354m／往復8時間15分

上田市と須坂市と群馬県嬬恋村の境の山

52 浦倉山 うらくらやま／2090m／往復5時間15分

須坂市と群馬県嬬恋村の境の山

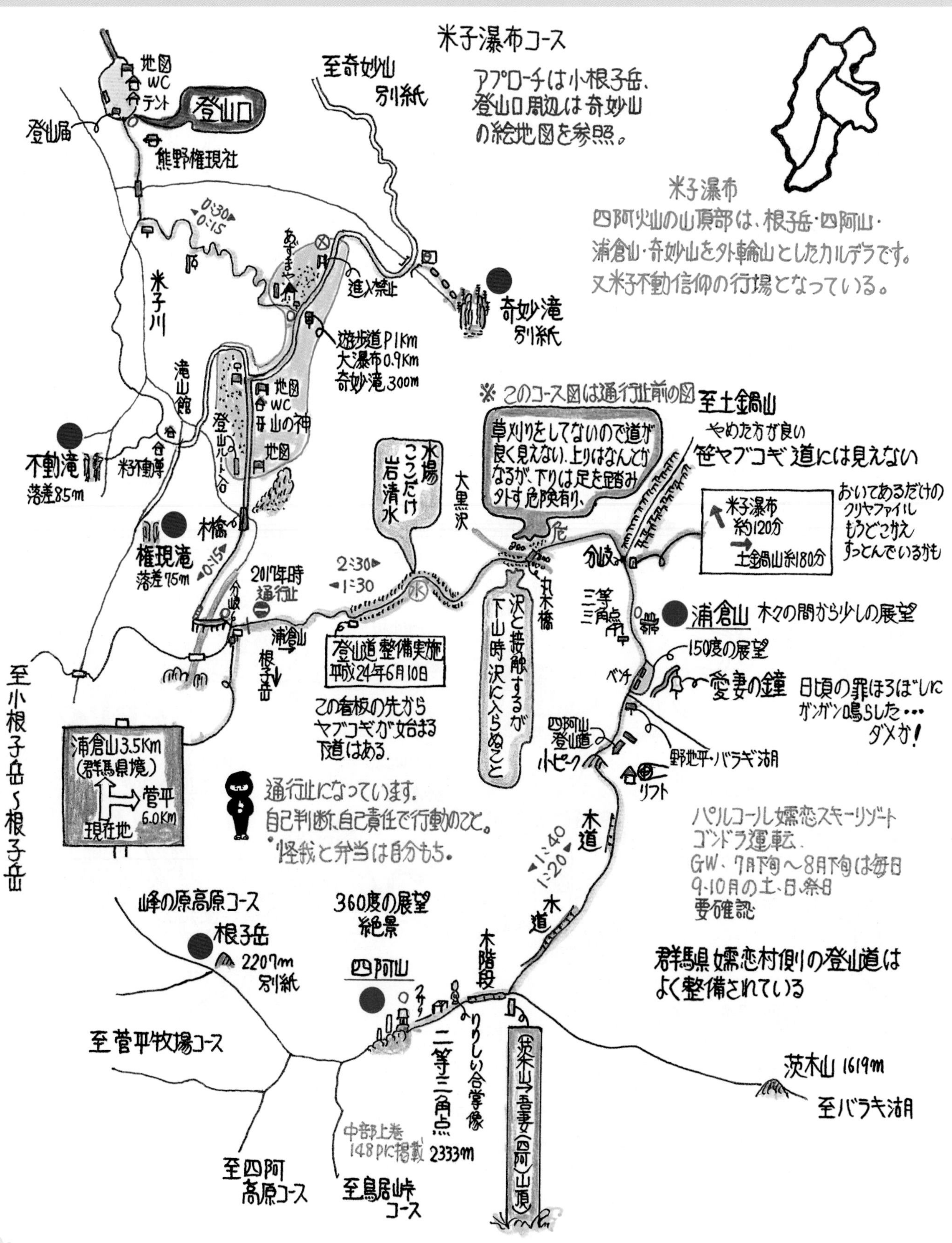

53 須坂市の奇妙山 きみょうさん／1629m／往復3時間20分

須坂市に有る山

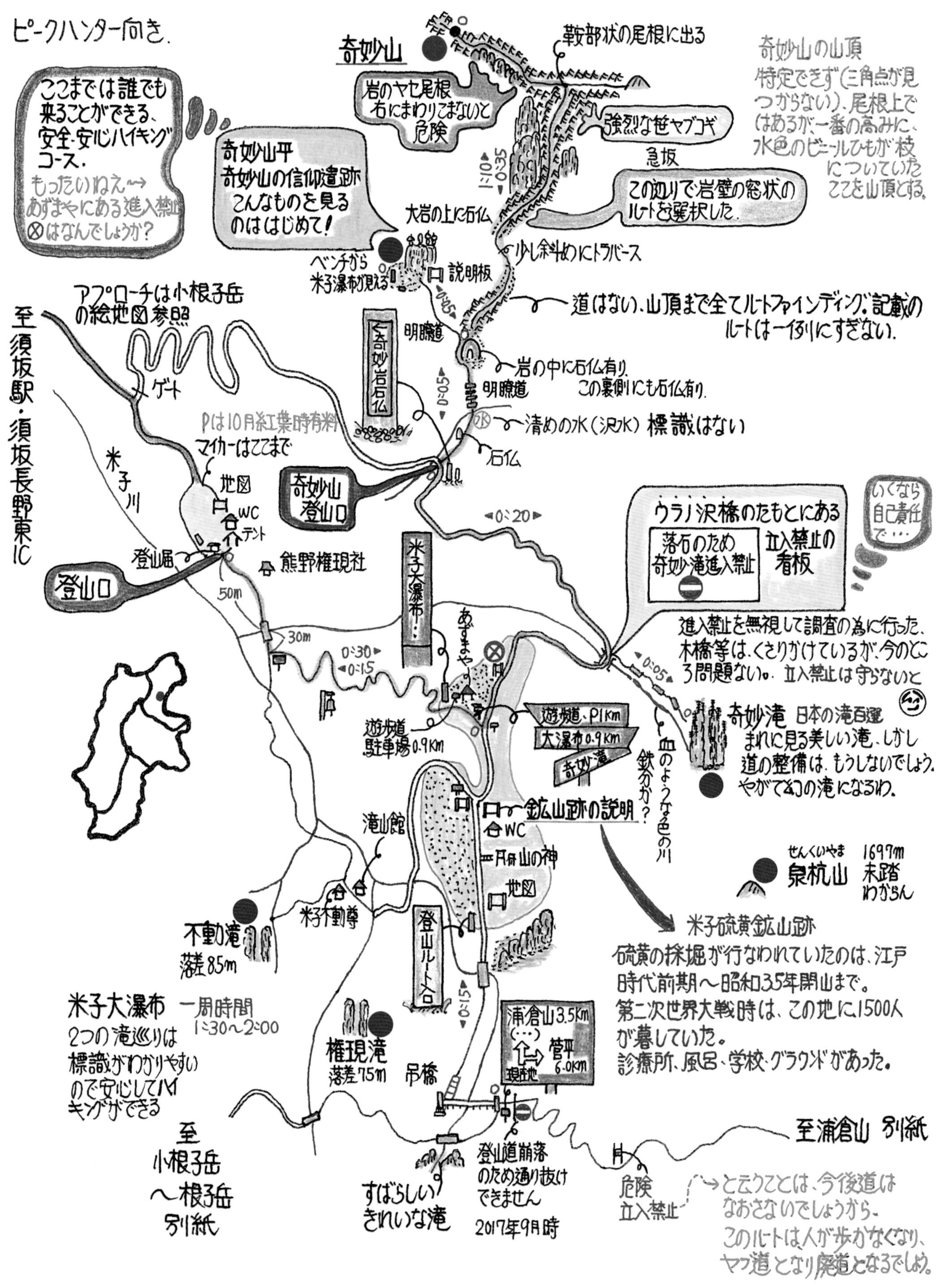

54 米子山 よなこやま／1404m／往復4時間50分

須坂市に有る山

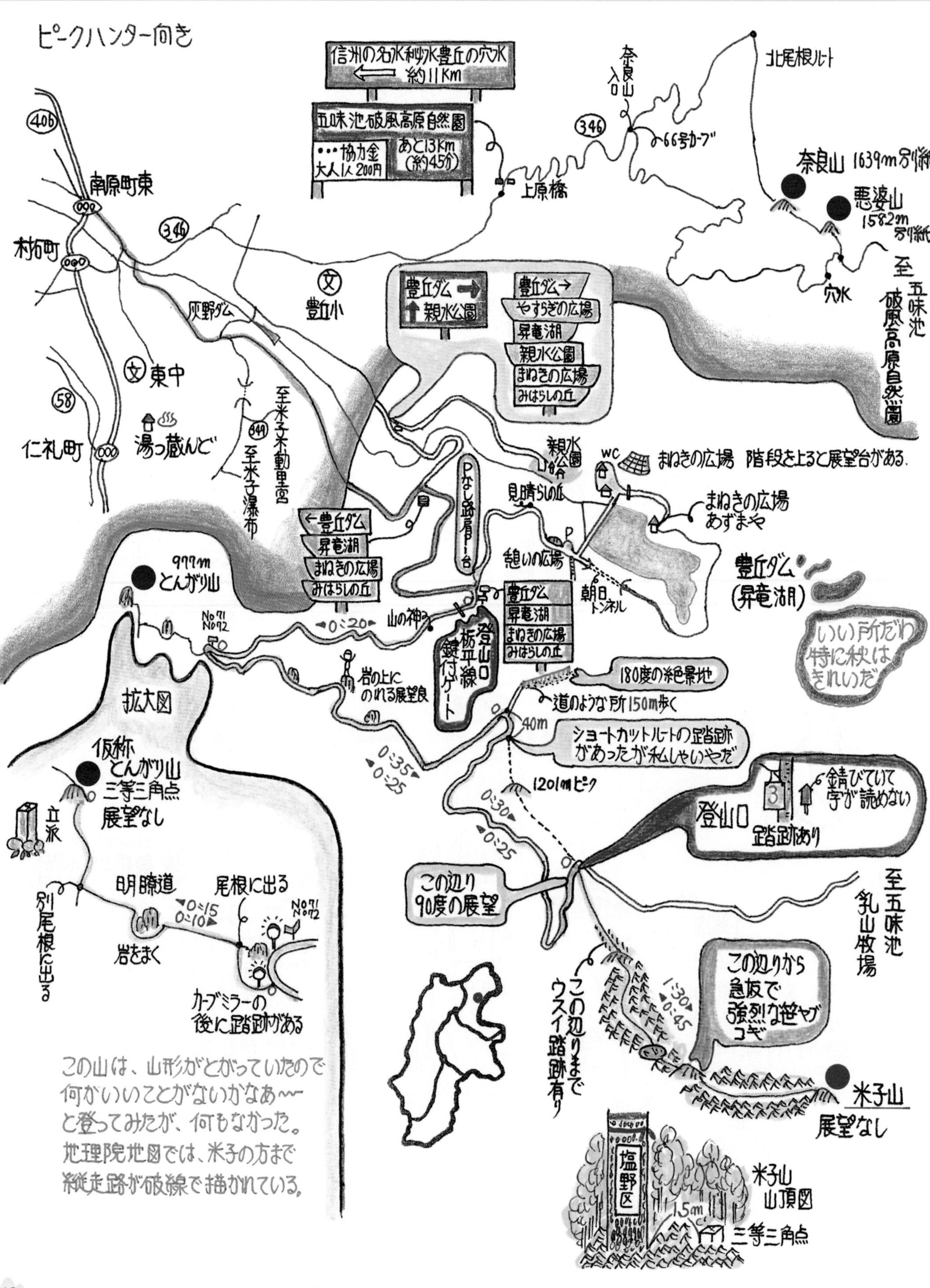

55 破風岳　はふうだけ（はふだけ）／1999m／往復3時間5分

須坂市と高山村と群馬県嬬恋村の境の山

56 土鍋山　どなべやま／1999m／往復3時間40分

須坂市と群馬県嬬恋村の境の山

57 乳山　にゅうさん／1706m／往復25分

須坂市に有る山

五味池破風高原自然園

つつじ祭り…６月上旬～７月上旬。
満開はおよそ６月下旬。祭り期間中は
駐車場は有料。環境保護協力金200円。
売店の営業時間…９：00 ～ 16：00。
祭り期間中、マイカーはつつじハウスの上部
の駐車場まで入れます。
大平の駐車場までは、つつじ祭り中でも入れ
なくなりました（2017年時）。
問い合わせは…須坂市観光課
026－248－9005

55 破風岳　はふだけ（又ははふうだけ）／1999m／往復50分

須坂市と高山村と群馬県嬬恋村の境の山

56 土鍋山　どなべやま／1999m／往復約2時間

須坂市と群馬県嬬恋村の境の山

58 御飯岳　おめしだけ／2160m／往復2時間15分

59 高山村の毛無山　けなしやま／1935m／往復35分

以上は、高山村と群馬県嬬恋村の境の山

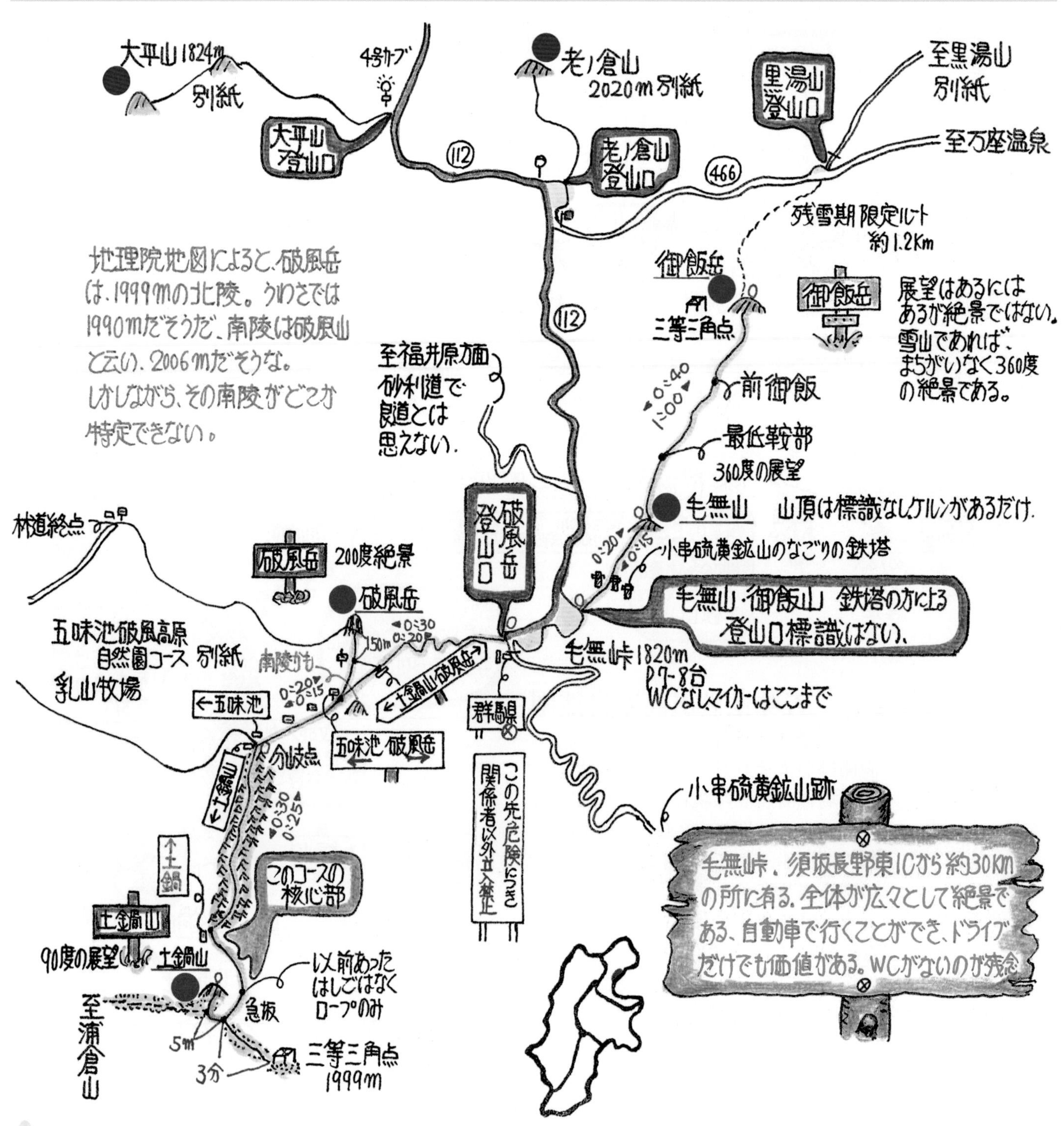

60 奈良山 なろうやま／1639m／往復4時間50分

須坂市と高山村の境の山

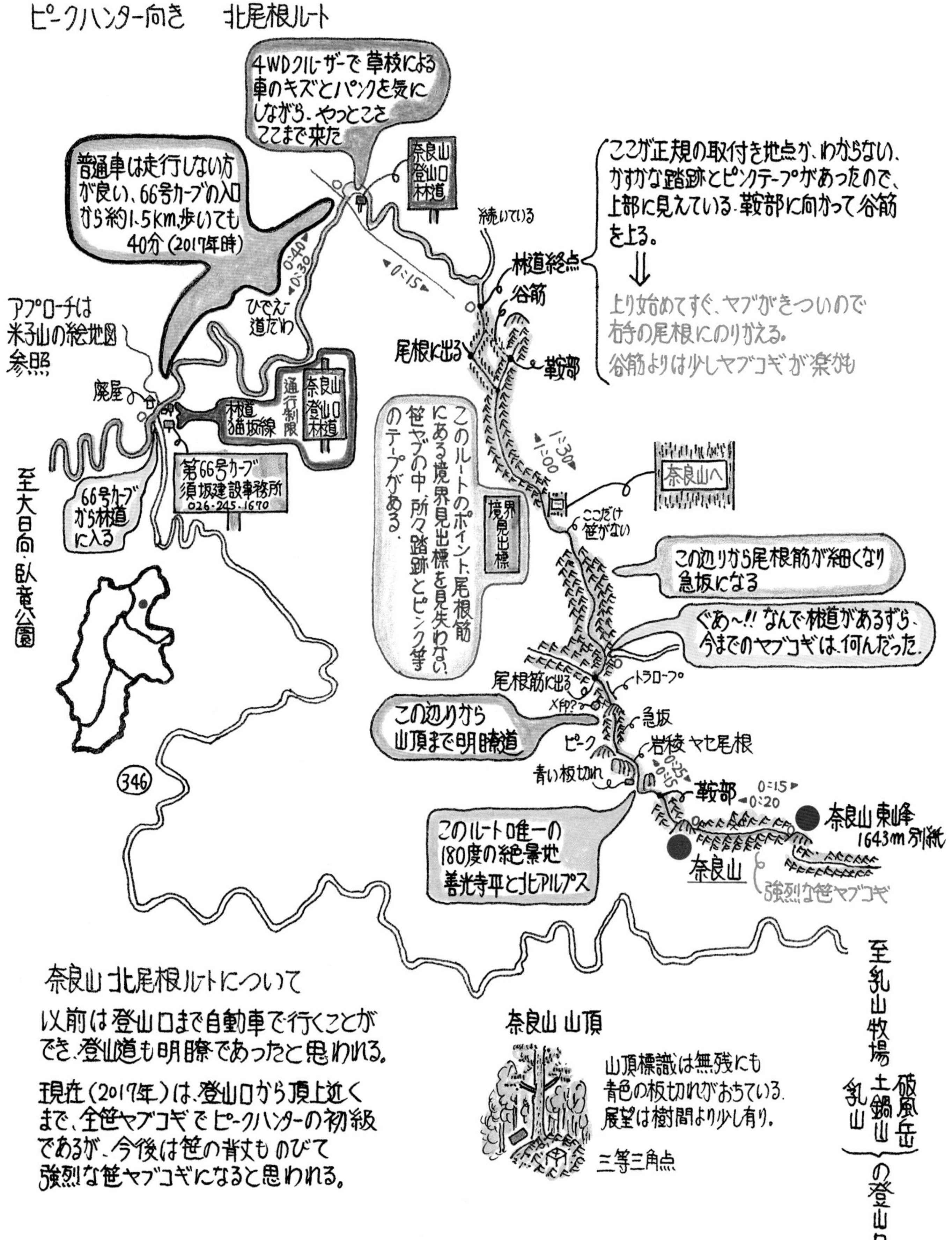

60 奈良山 なろうやま／1639m／往復2時間15分

61 悪婆山 あくばさん／1582m／往復35分

以上は、須坂市と高山村の境の山

ピークハンター向き　　穴水ルート

奈良山の登山口の標識は板切れ一つだけ、山頂へは背丈もある笹ヤブコギのうえ急坂ではあるが、所々下道が有る。東峰の山頂は180度の絶景地、笹刈りをして道を付ければ、素晴しいハイキングコースになると思う。

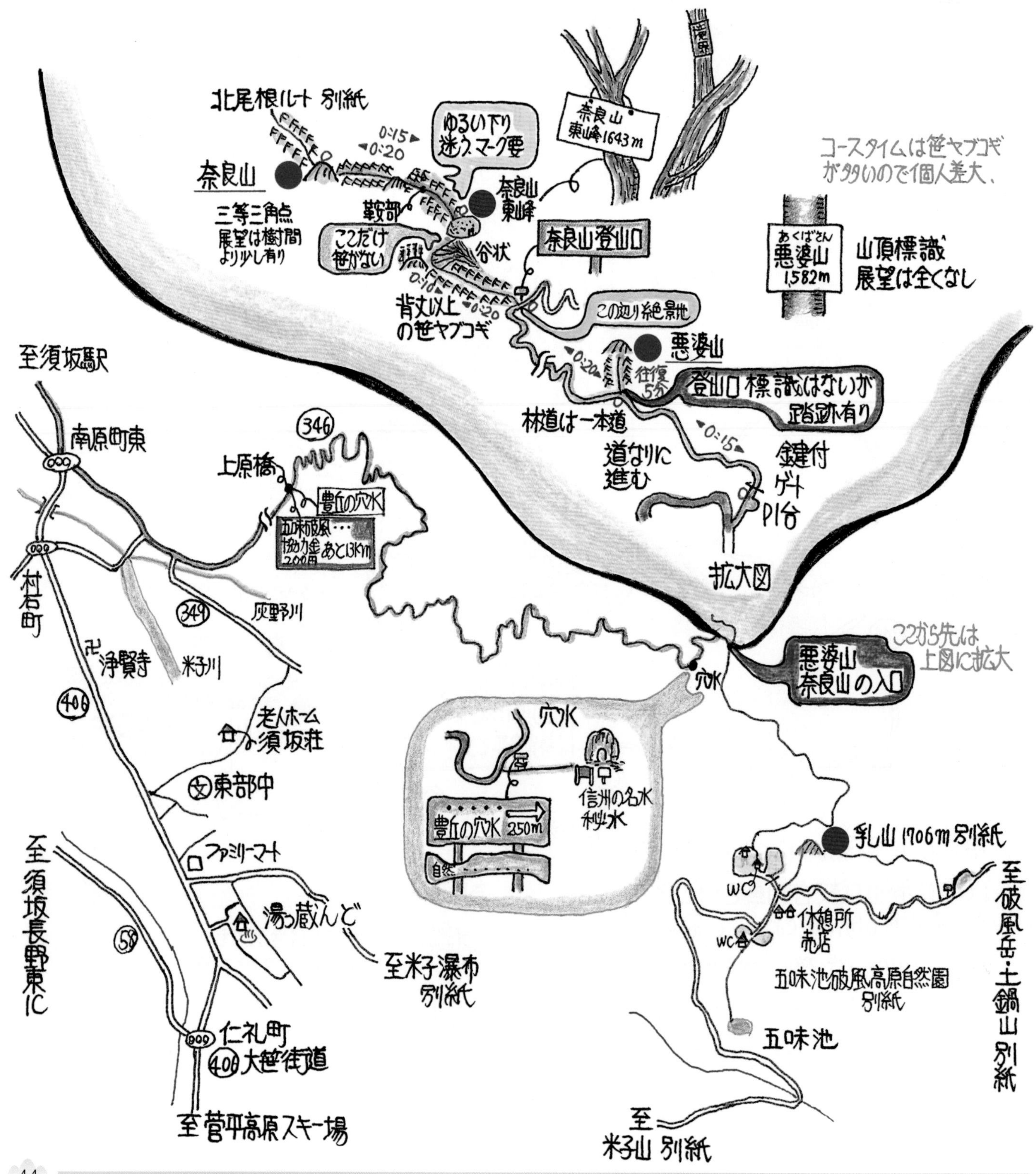

62 老ノ倉山 おいのくらやま／2020m／往復25分

高山村に有る山

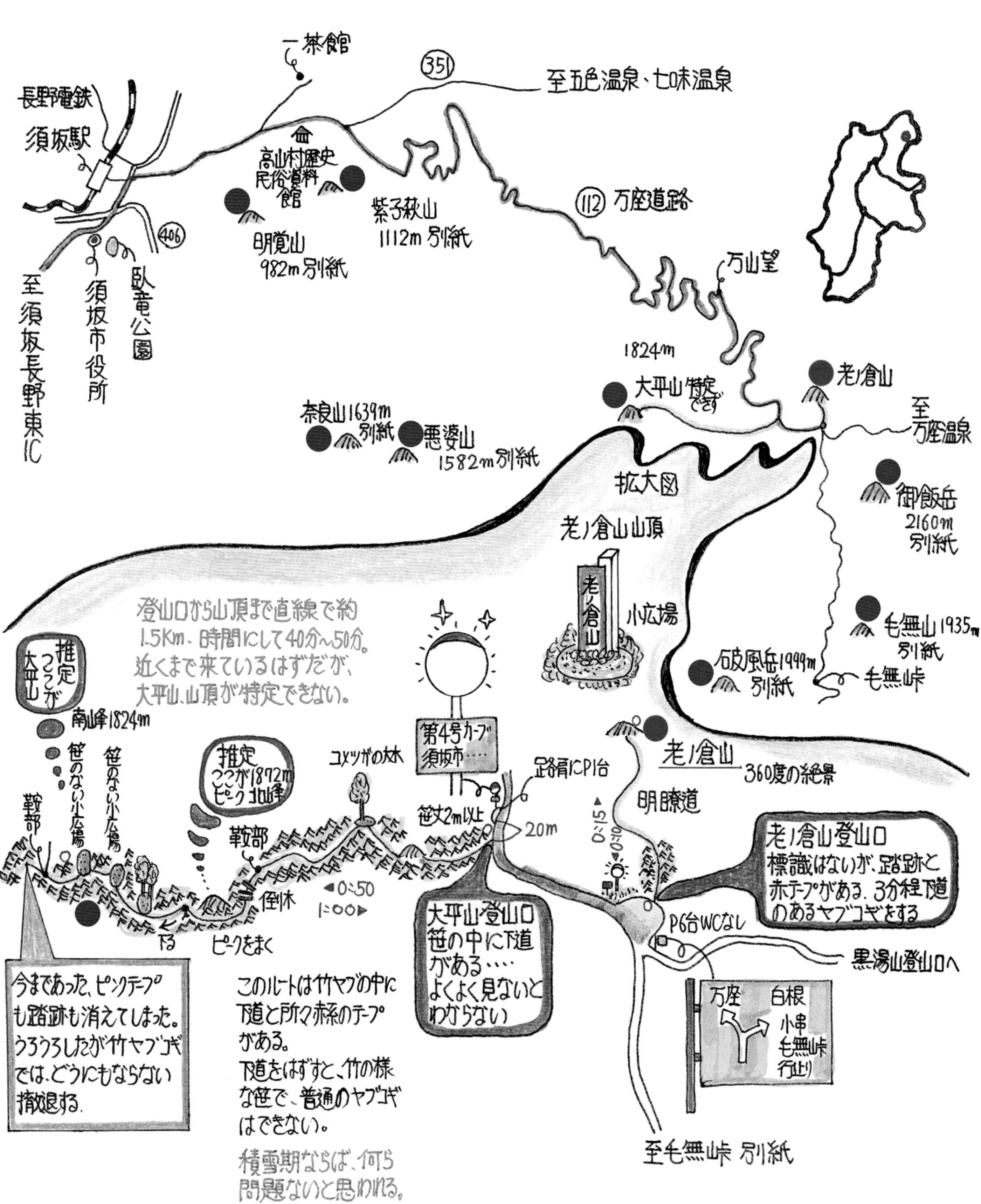

63 黒湯山　くろゆさん／2007m／往復2時間5分

64 万座山　まんざやま／1994m／往復1時間10分

以上は、高山村と群馬県嬬恋村の境の山

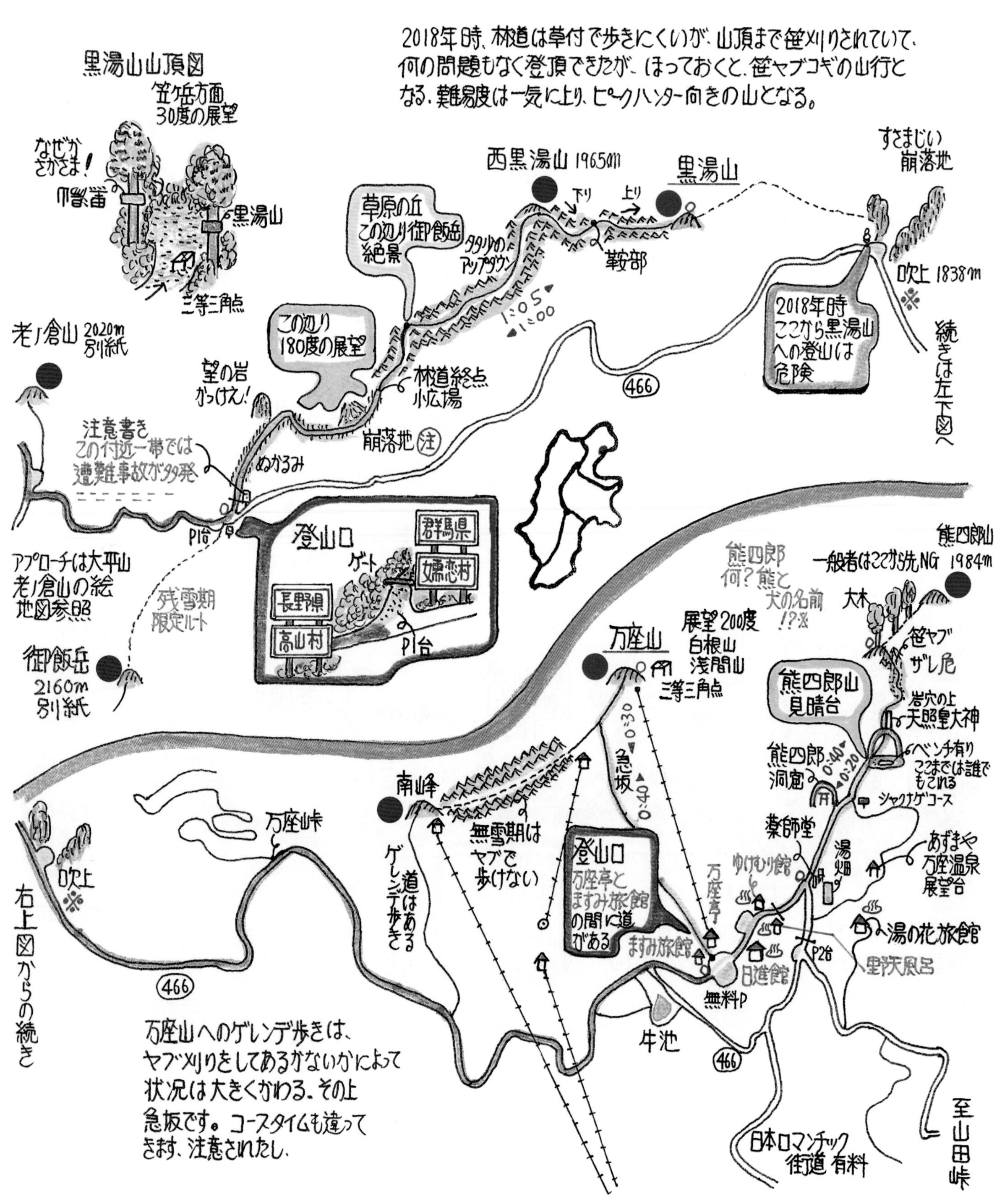

65 中倉山　なかくらやま／1686m／往復35分

高山村に有る山

66 志賀高原の笠ヶ岳　かさがたけ／2076m／往復50分

山ノ内町と高山村の境の山

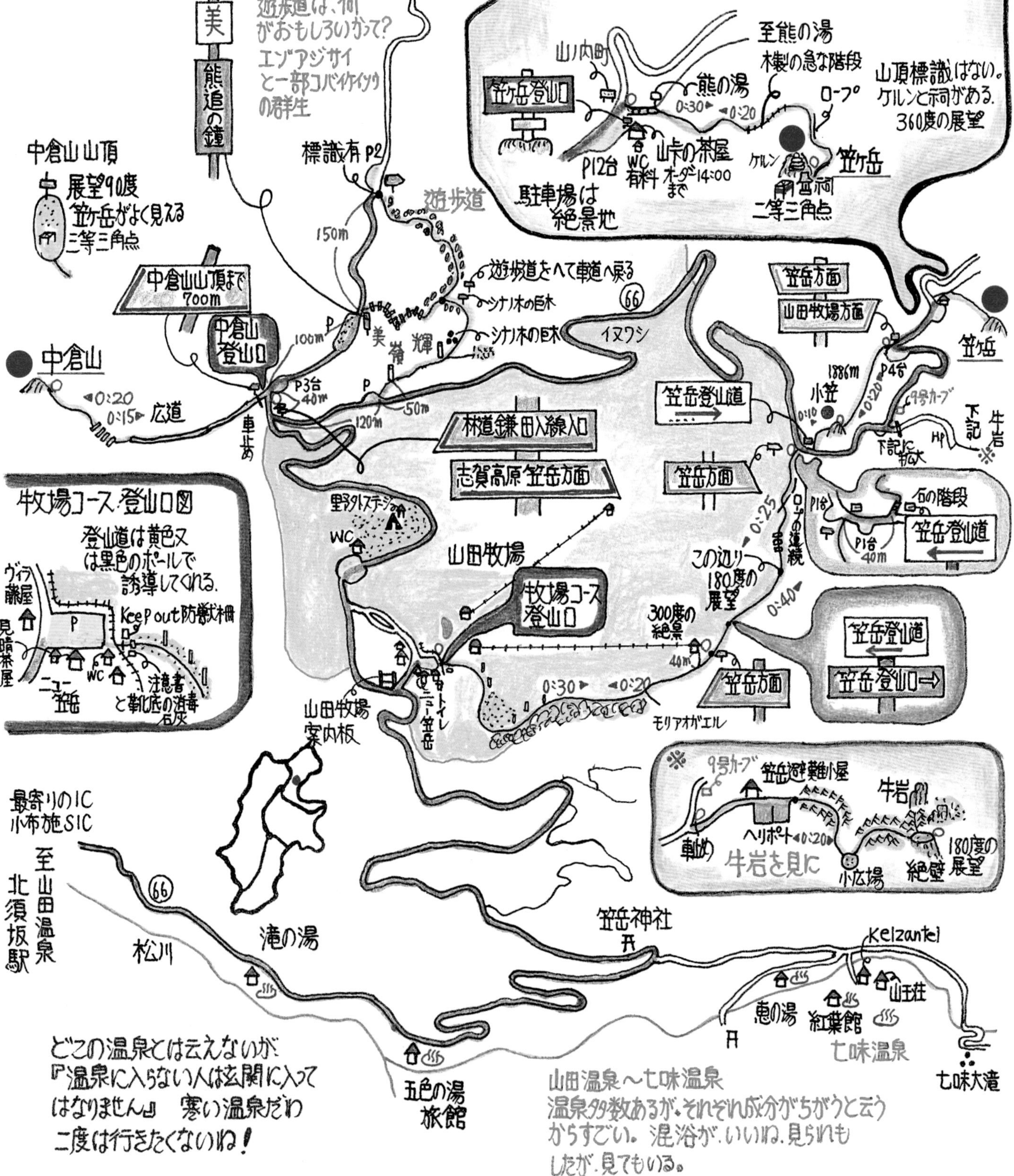

 箱ノ峰　はこのみね／1751m／未踏

剣ヶ峰　けんがみね／1844m／未踏

以上は、山ノ内町と高山村の境の山

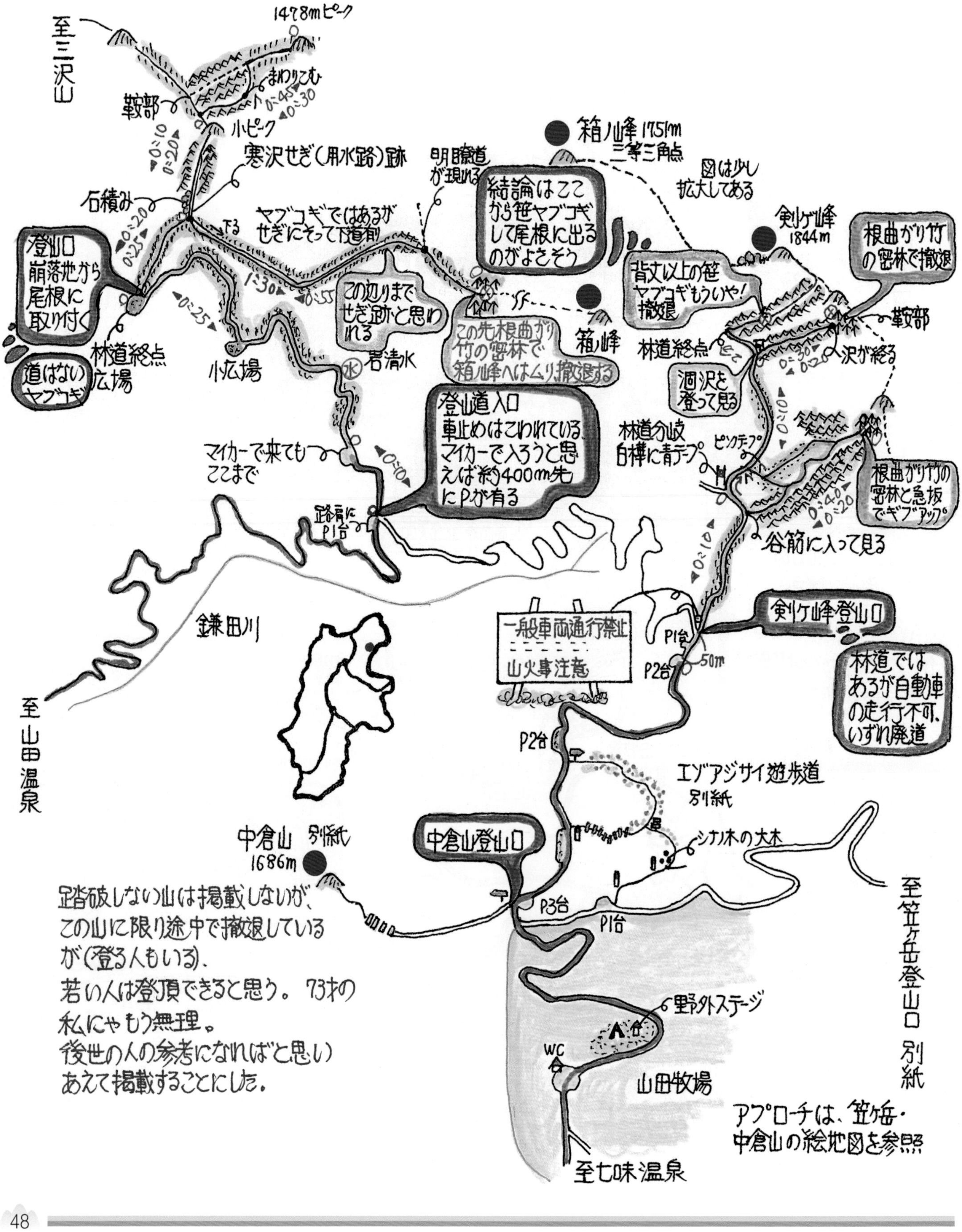

踏破しない山は掲載しないが、
この山に限り途中で撤退しているが(登る人もいる)、
若い人は登頂できると思う。73才の私にゃもう無理。
後世の人の参考になればと思い
あえて掲載することにした。

66 志賀高原の笠ヶ岳　かさがたけ／2076m／往復3時間40分

67 熊ノ湯峰　くまのゆほう／1958m／往復45分

以上は、高山村と山ノ内町の境の山

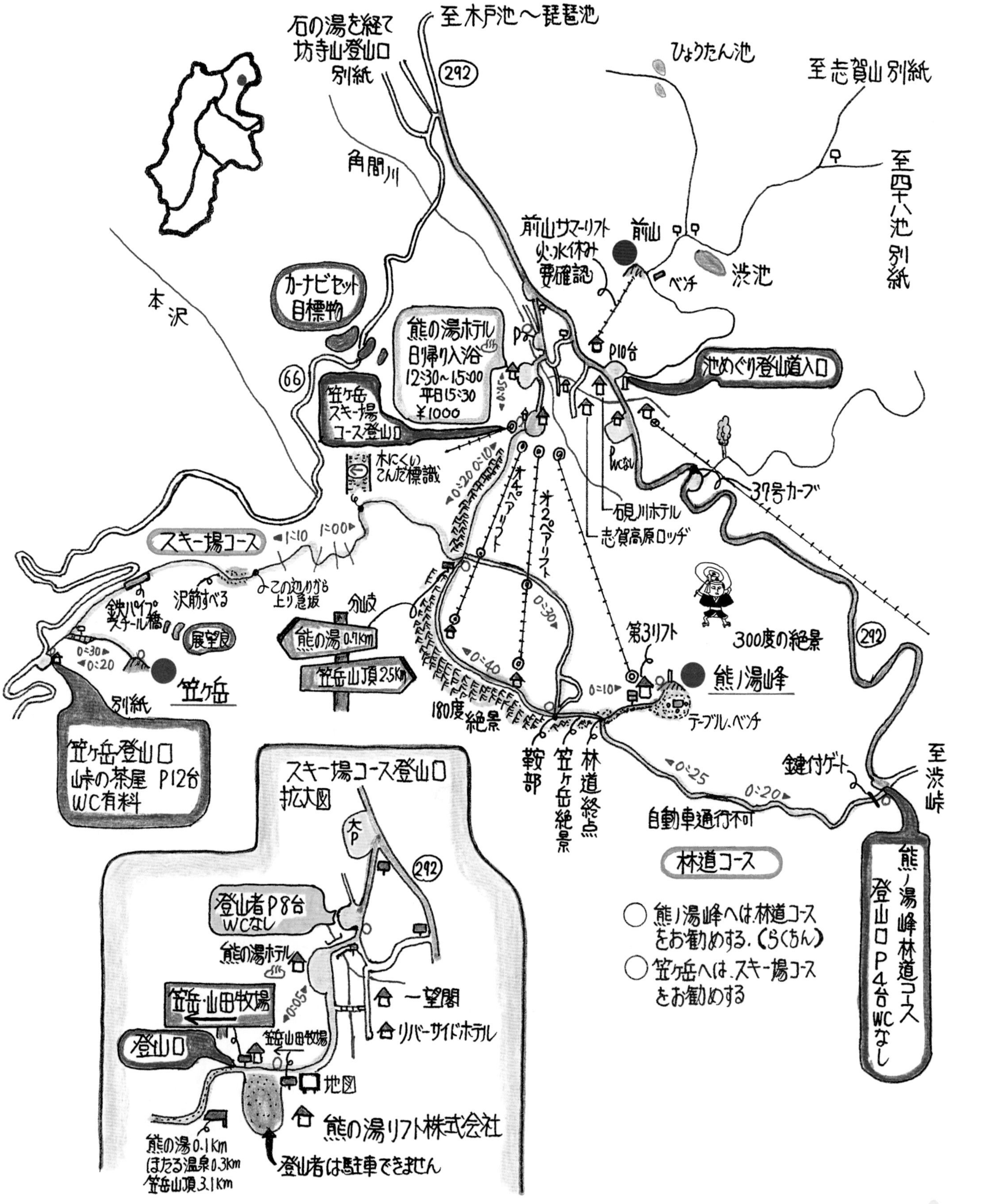

至木戸池～琵琶池
石の湯を経て坊寺山登山口
別紙
292
ひょうたん池
至志賀山 別紙
至四十八池 別紙
角間川
前山サマーリフト
火・水休み
要確認
前山
渋池
ベンチ
本沢
カーナビセット
目標物
熊の湯ホテル
日帰り入浴
12:30～15:00
平日15:30
¥1000
P8
P10台
池めぐり登山道入口
66
笠ヶ岳
スキー場
コース登山口
木にくくりつけた標識
WCなし
37号カーブ
硯川ホテル
志賀高原ロッヂ
オ4ロマンスリフト
オ2ペアーリフト
スキー場コース
1:10
1:00
0:20
0:10
鉄パイプ
スチール橋
沢筋すべる
この辺りから
上り急坂
分岐
展望良
熊の湯 0.7Km
笠岳山頂 2.5Km
0:30
0:20
笠ヶ岳
別紙
0:30
0:40
第3リフト
300度の絶景
熊ノ湯峰
0:10
テーブル、ベンチ
180度絶景
鞍部
笠ヶ岳絶景
林道終点
0:25
0:20
鍵付ゲート
自動車通行不可
至渋峠
292
笠ヶ岳登山口
峠の茶屋　P12台
WC有料
スキー場コース登山口
拡大図
292
登山者P8台
WCなし
熊の湯ホテル
一望閣
0:05
笠岳・山田牧場
リバーサイドホテル
登山口
笠岳山田牧場
地図
熊の湯リフト株式会社
熊の湯 0.1Km
ほたる温泉 0.3Km
笠岳山頂 3.1Km
登山者は駐車できません
林道コース
○ 熊ノ湯峰へは林道コースをお勧めする。(らくちん)
○ 笠ヶ岳へは、スキー場コースをお勧めする
熊ノ湯峰林道コース
登山口 P4台
WCなし

68 三沢山 みさわやま／1504m／往復3時間30分

山ノ内町と高山村の境の山

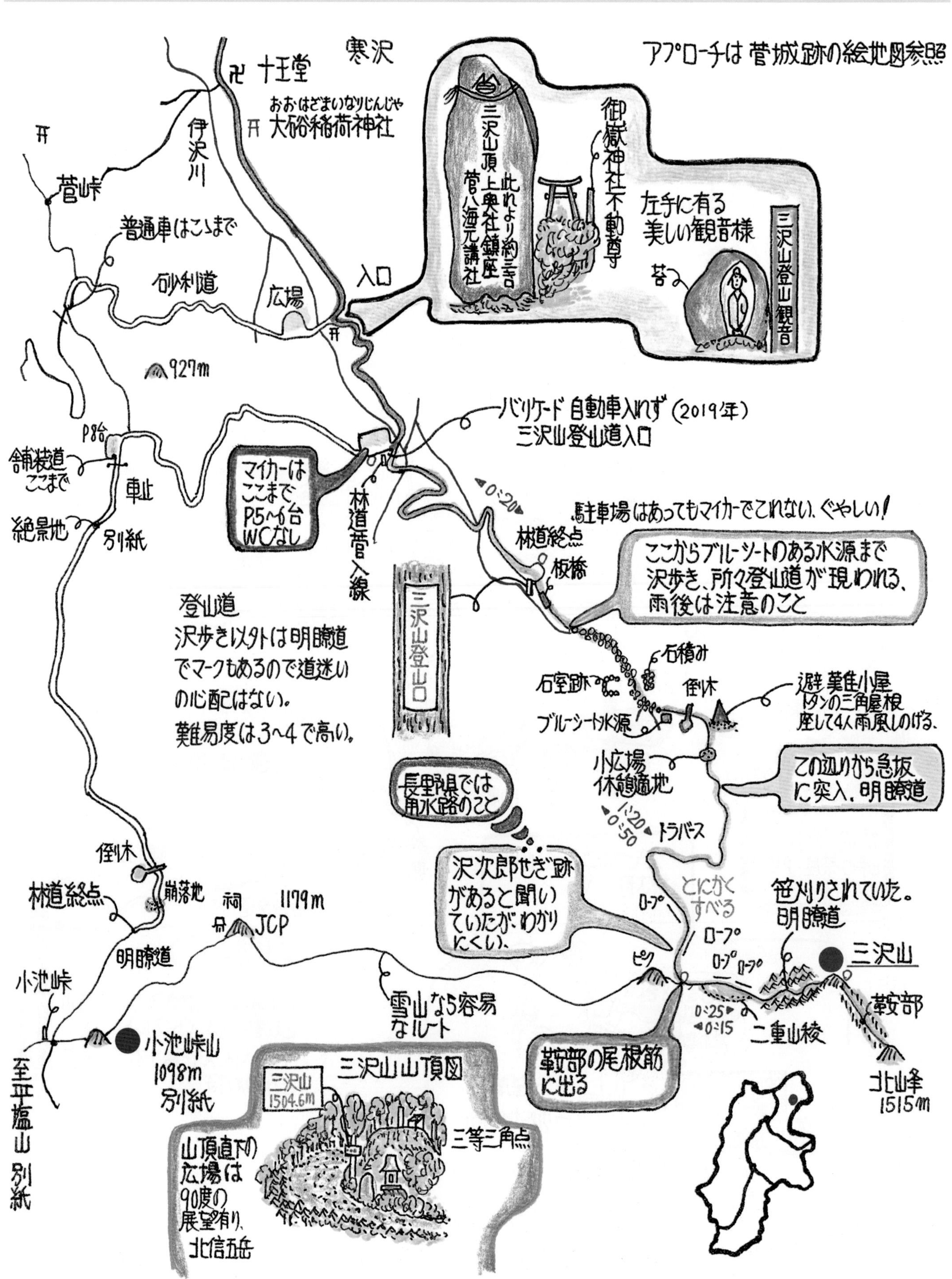

69 平塩山　ひらしおさん／1060m／往復2時間40分

高山村に有る山

70 小池峠山　こいけとうげやま／1098m／往復1時間35分

高山村と中野市の境の山

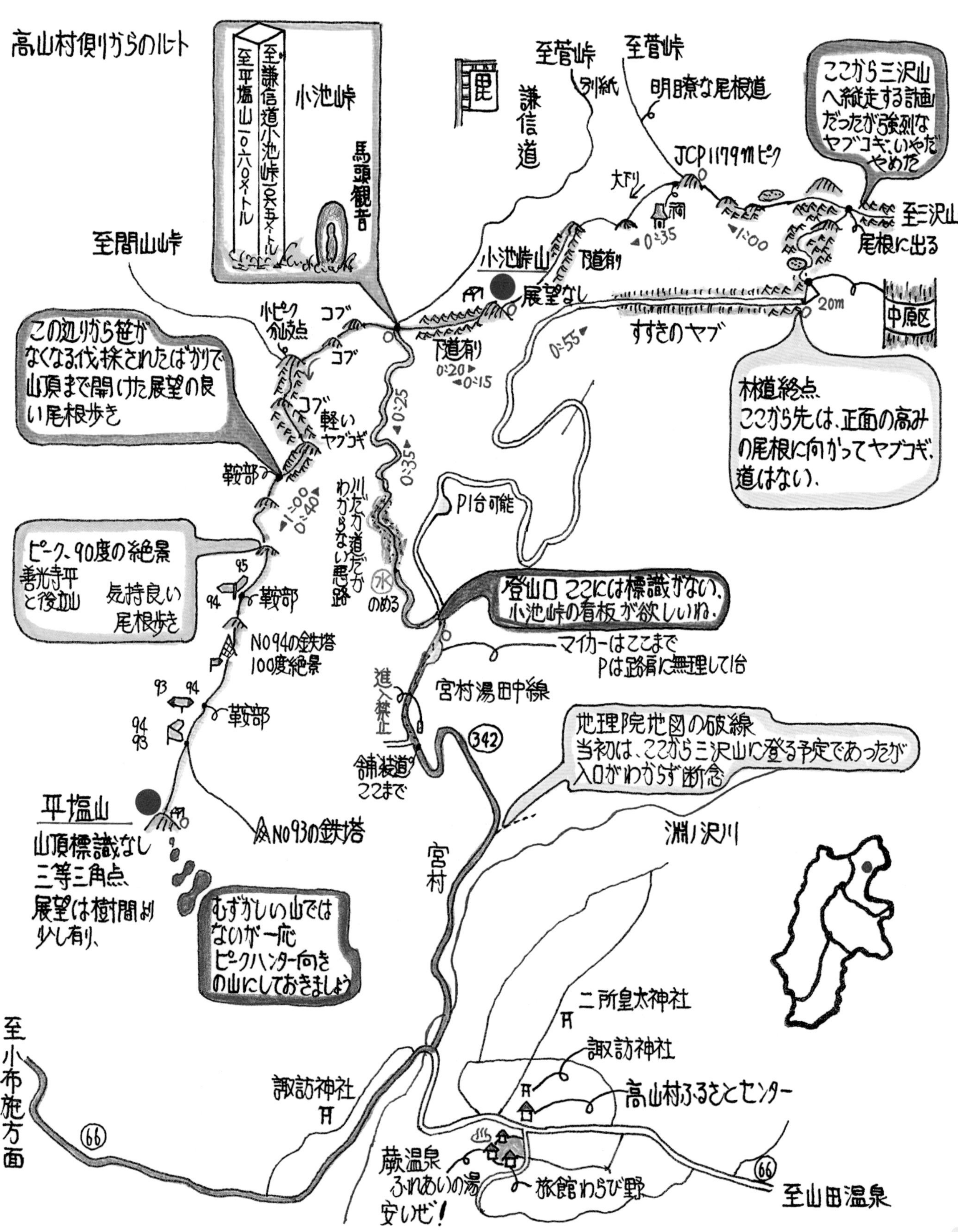

69 平塩山　ひらしおさん／1060m／往復3時間

高山村に有る山

70 小池峠山　こいけとうげやま／1098m／往復1時間55分

高山村と中野市の境の山

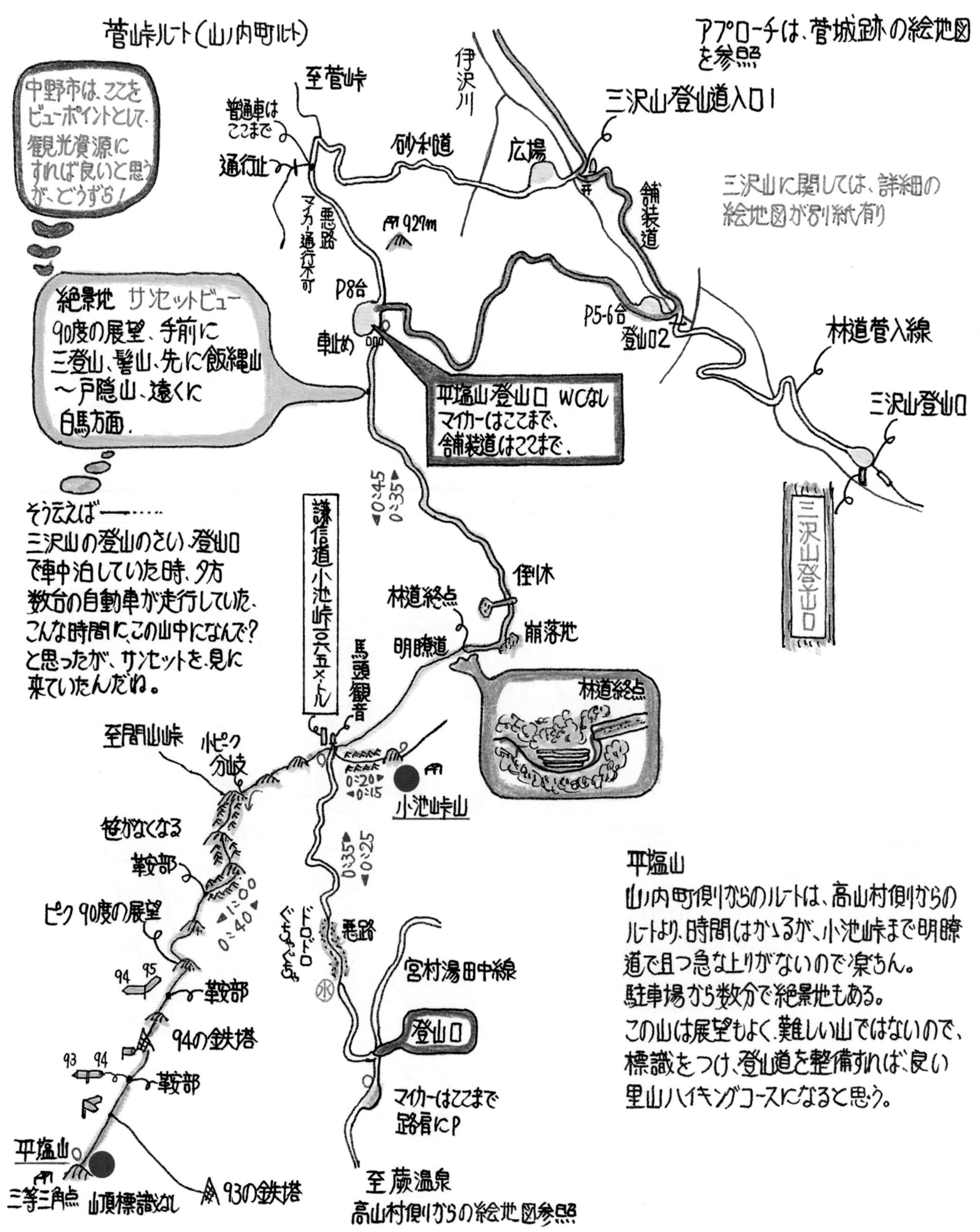

71 横手山 よこてやま／2305m／往復1時間40分

山ノ内町と群馬県中之条町の境の山

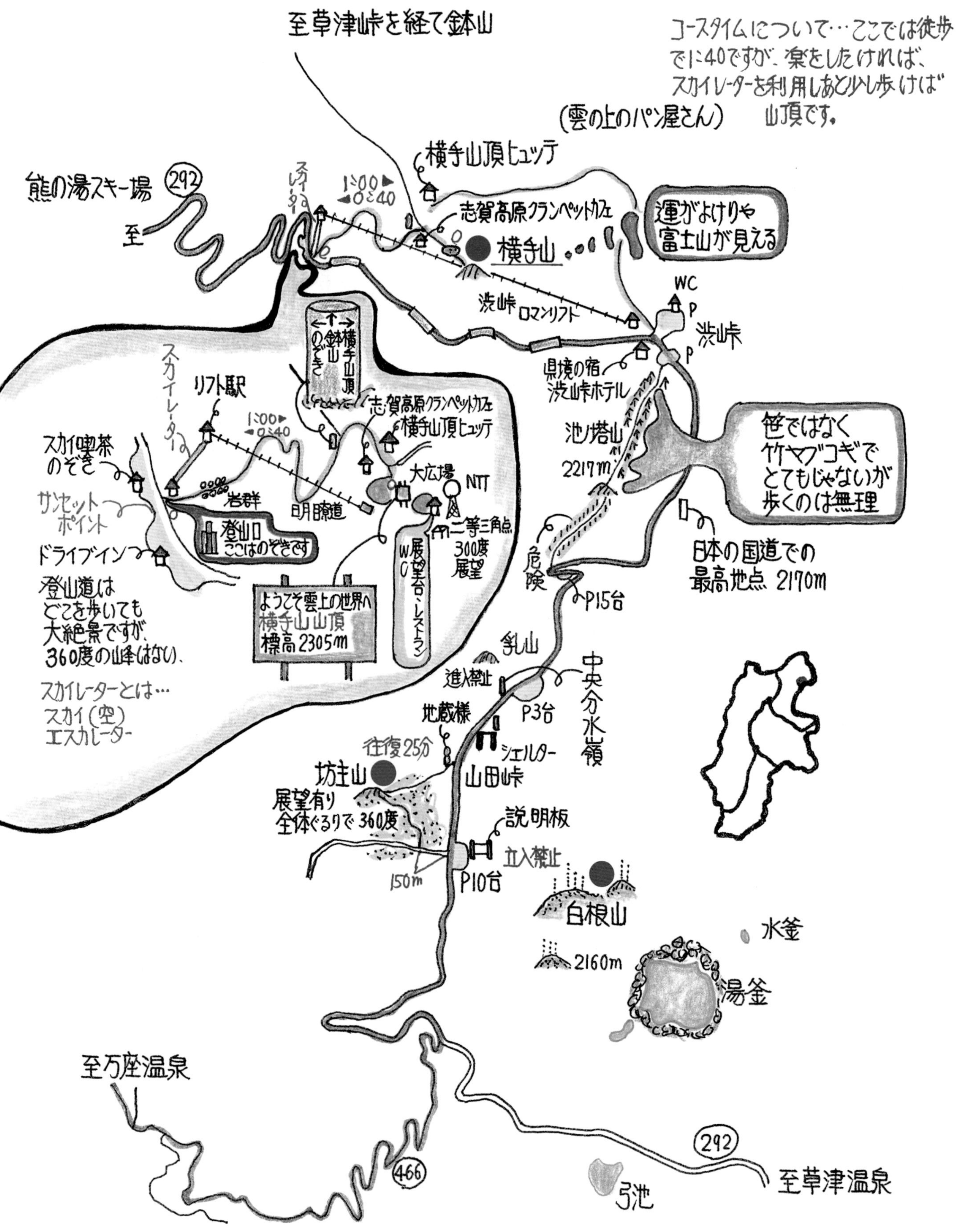

72 志賀山&裏志賀山 しがやま／2037m／往復3時間10分

山ノ内町に有る山

73 鉢山 はちやま／2041m／往復2時間

74 赤石山 あかいしやま／2108m／往復4時間10分

75 ダン沢ノ頭&湯ノ沢ノ頭 だんさわのかしら／2040m／往復7時間10分

以上は、山ノ内町と群馬県中之条町の境の山

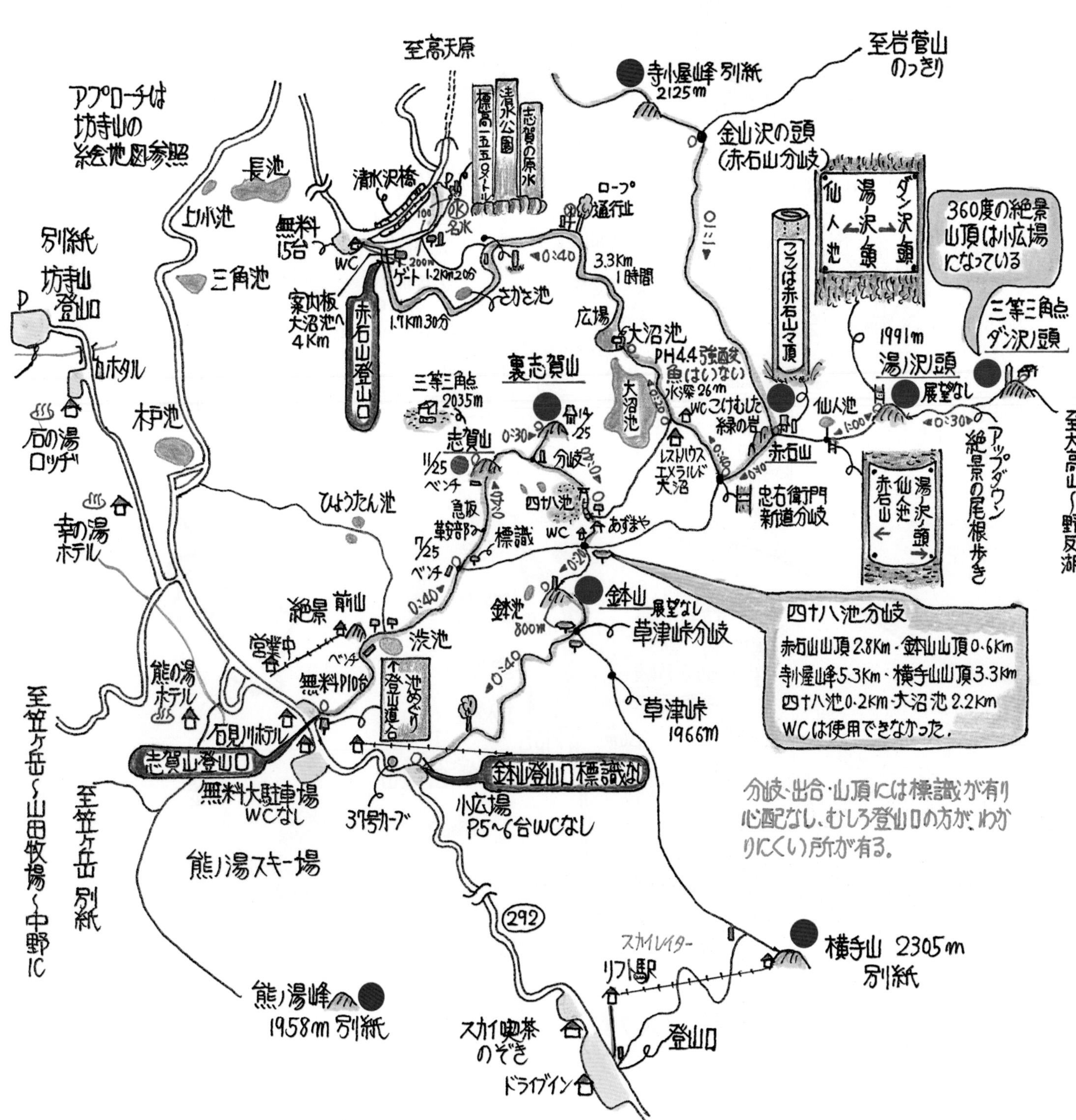

76 寺子屋峰　てらこやほう／2125m／往復2時間10分

77 東館山　ひがしたてやま／1994m／往復30分

78 西館山　にしたてやま／1756m／往復30分

以上は、山ノ内町に有る山

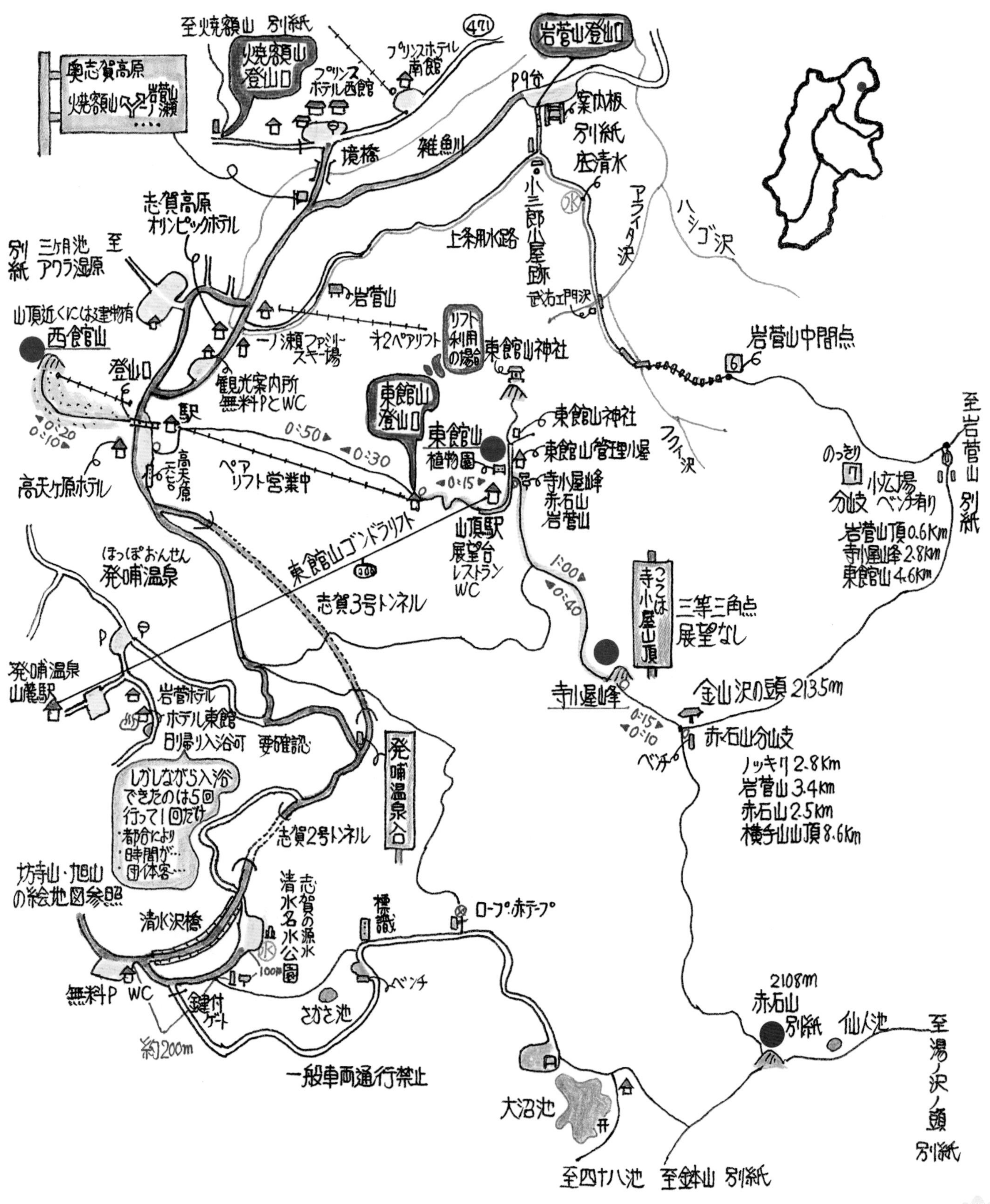

79 岩菅山　いわすげやま／2295m／往復5時間15分
80 裏岩菅山　うらいわすげやま／2341m／往復6時間40分
81 山ノ内町の烏帽子岳　えぼしだけ／2230m／往復10時間25分

以上は、山ノ内町に有る山

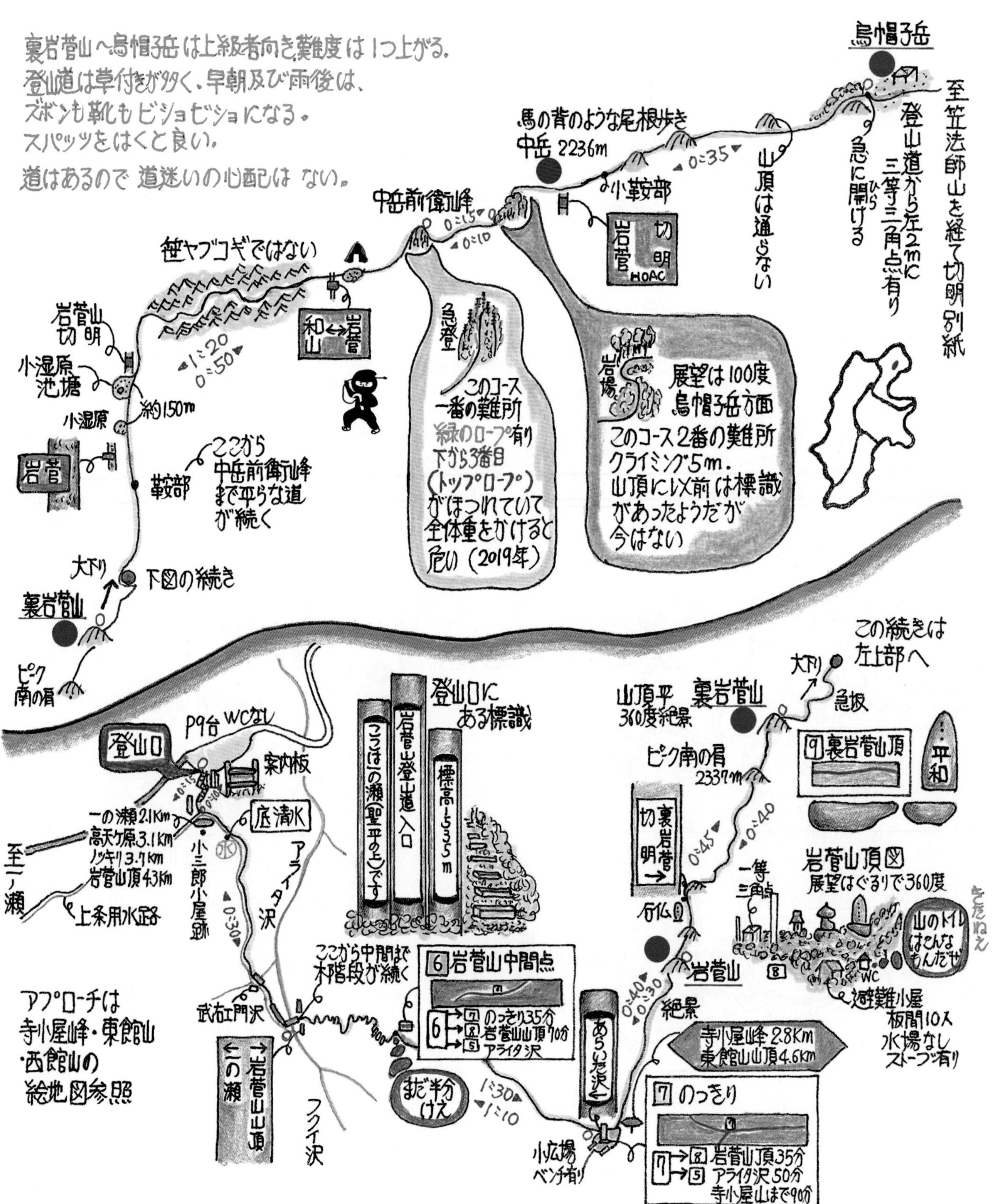

81 山ノ内町の烏帽子岳 えぼしだけ／2230m／往復9時間

山ノ内町に有る山

周辺の山には、笠法師山（かさほうしやま）・まむし沢の頭がある。裏岩菅山への縦走は可能。烏帽子岳⟷裏岩菅山　往復3：45

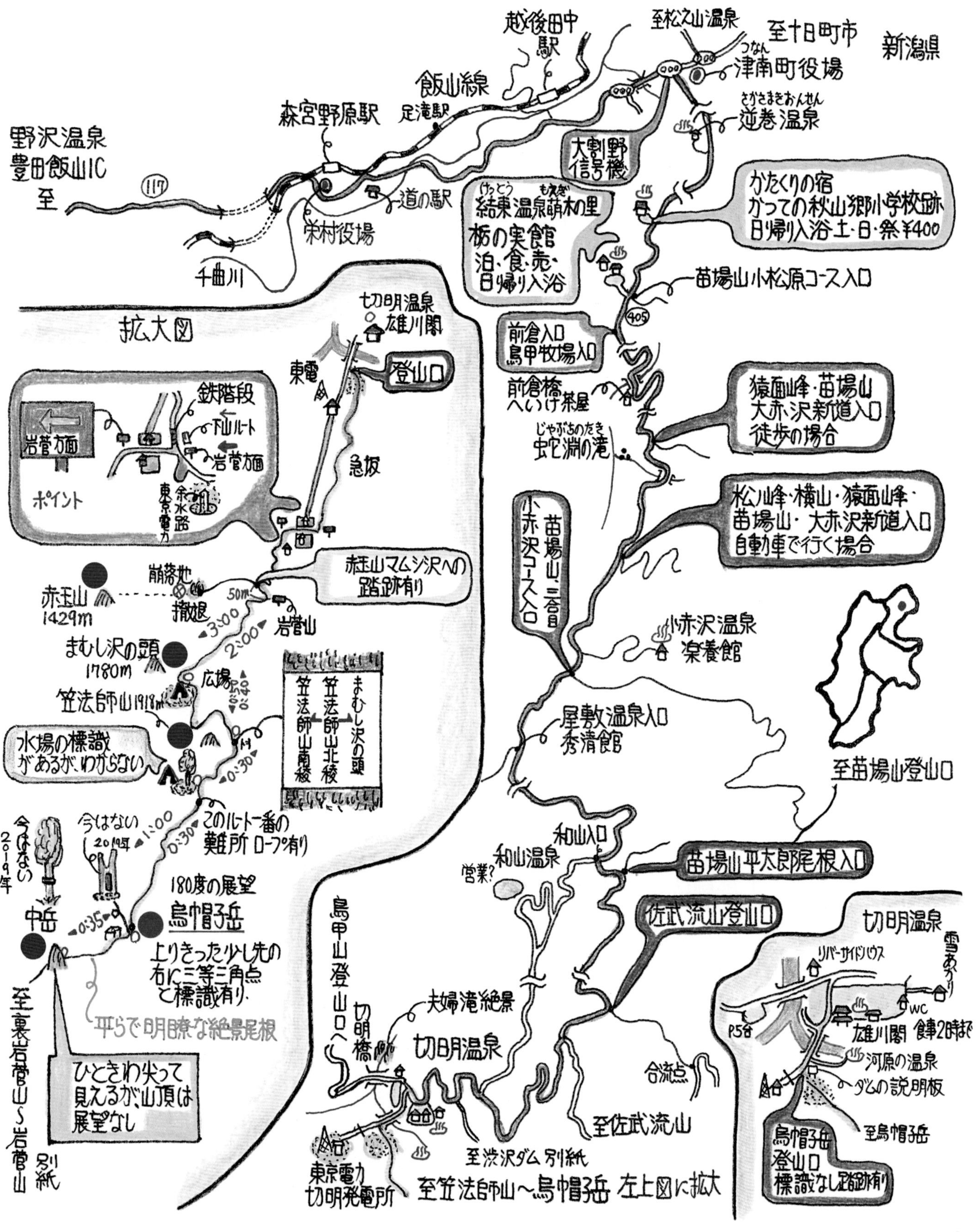

82 坊寺山 ぼうでらやま／1839m／往復1時間45分

83 山ノ内町の旭山 あさひやま／1524m／往復50分

以上は、山ノ内町に有る山

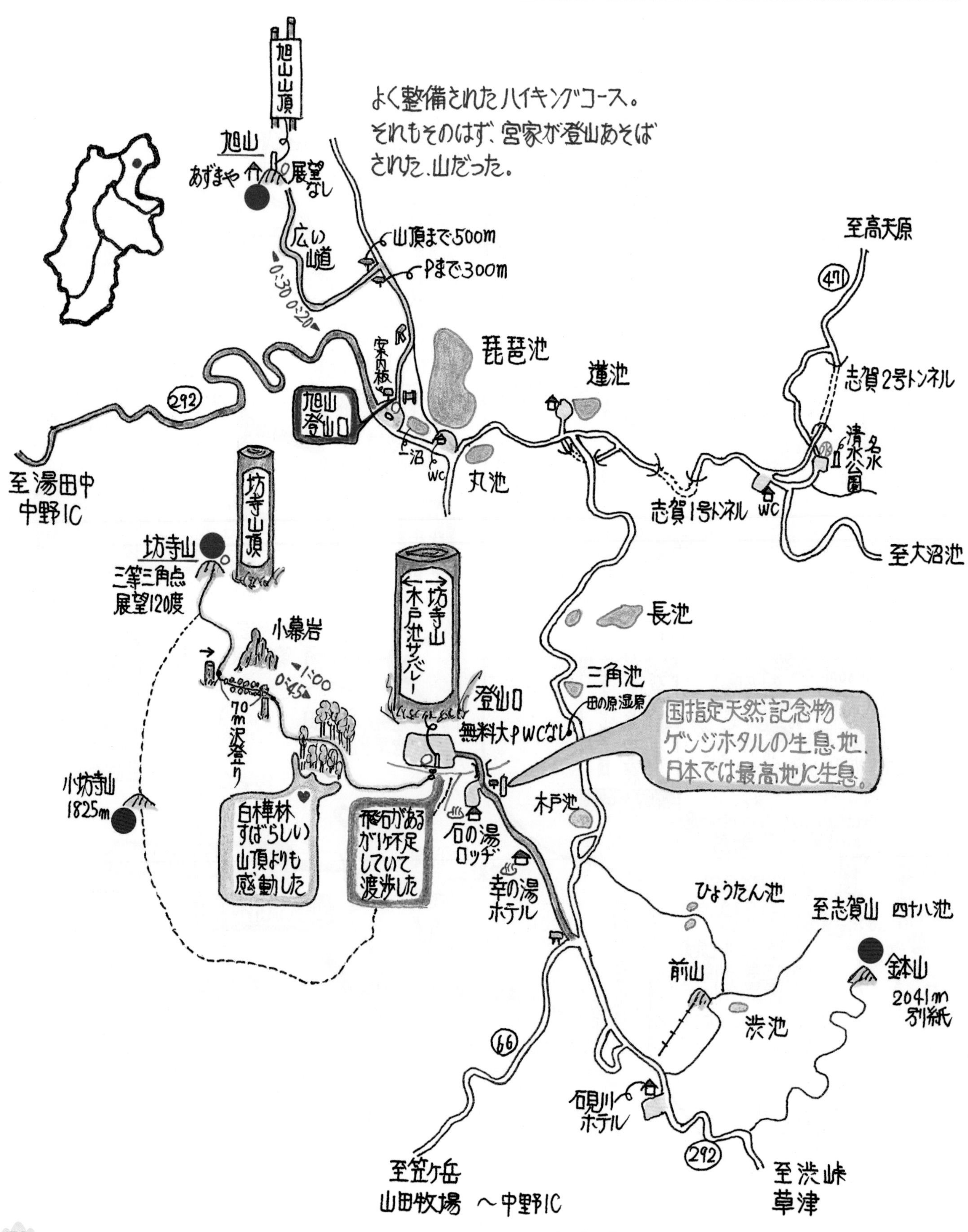

84 竜王山 りゅうおうさん／1900m／往復1時間15分

85 焼額山 やけびたいやま／2009m／往復4時間

以上は、山ノ内町に有る山

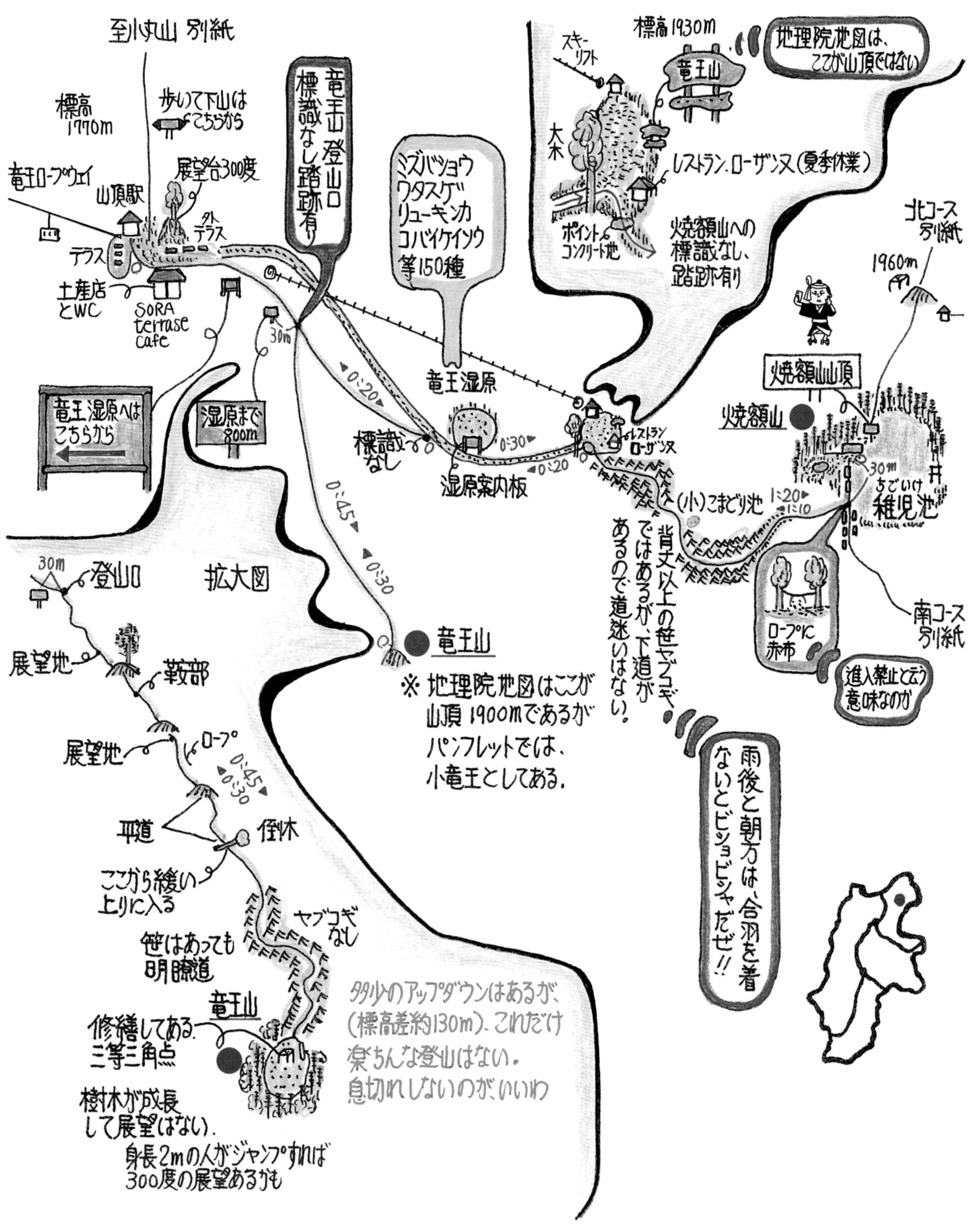

85 焼額山 やけびたいやま／2009m／往復2時間10分

山ノ内町に有る山

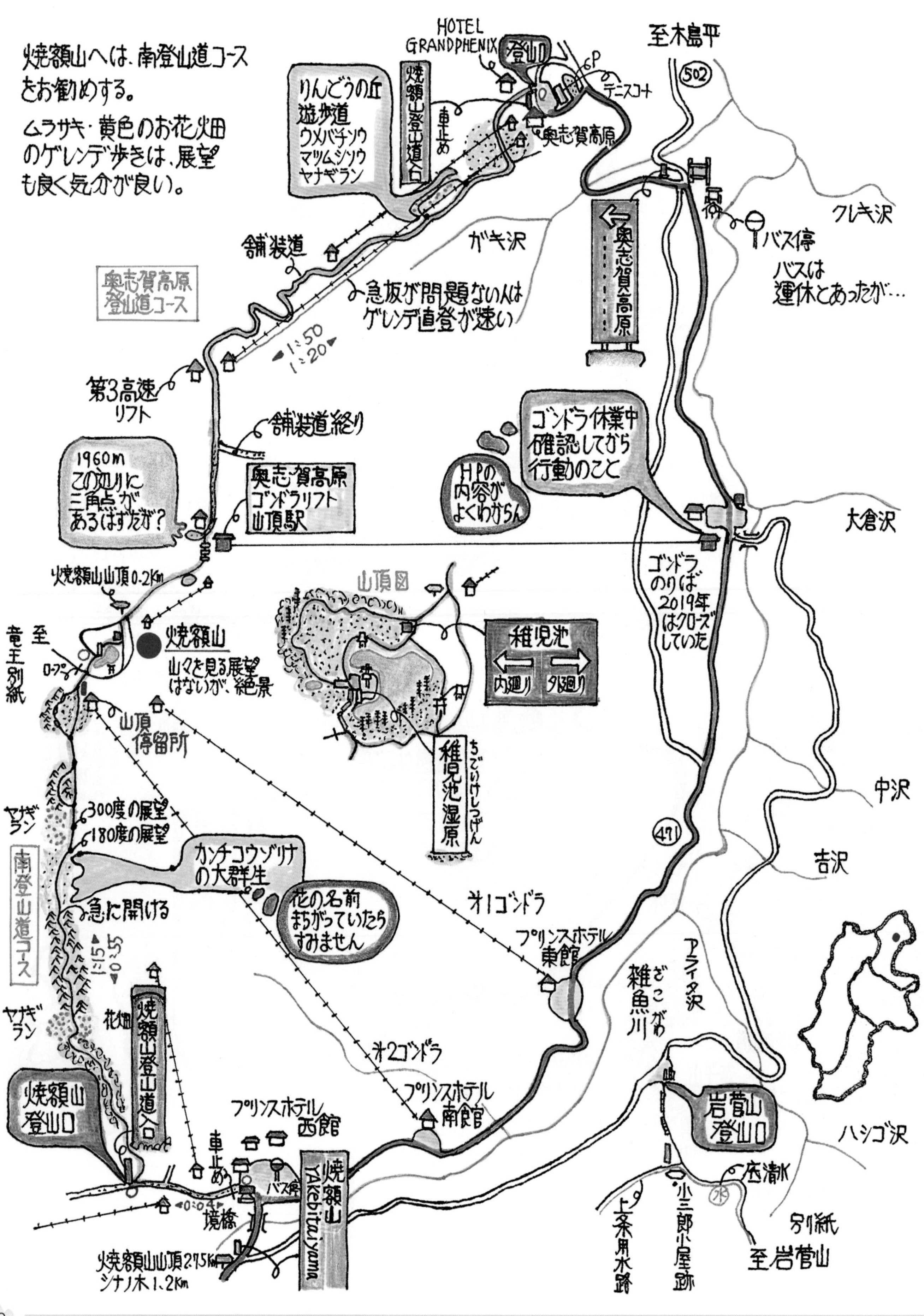

86 五輪山 ごりんざん／1620m／往復2時間20分

山ノ内町に有る山

きゃからばあ：空・風・火・水・地の五輪にかかわる厳かな山と思っていたが、山頂は三角点があるだけの展望も何もない山である。
ハイカーが気軽に行く山では無いが、登山口はアワラ湿原で、野草の宝庫で名所で有る。

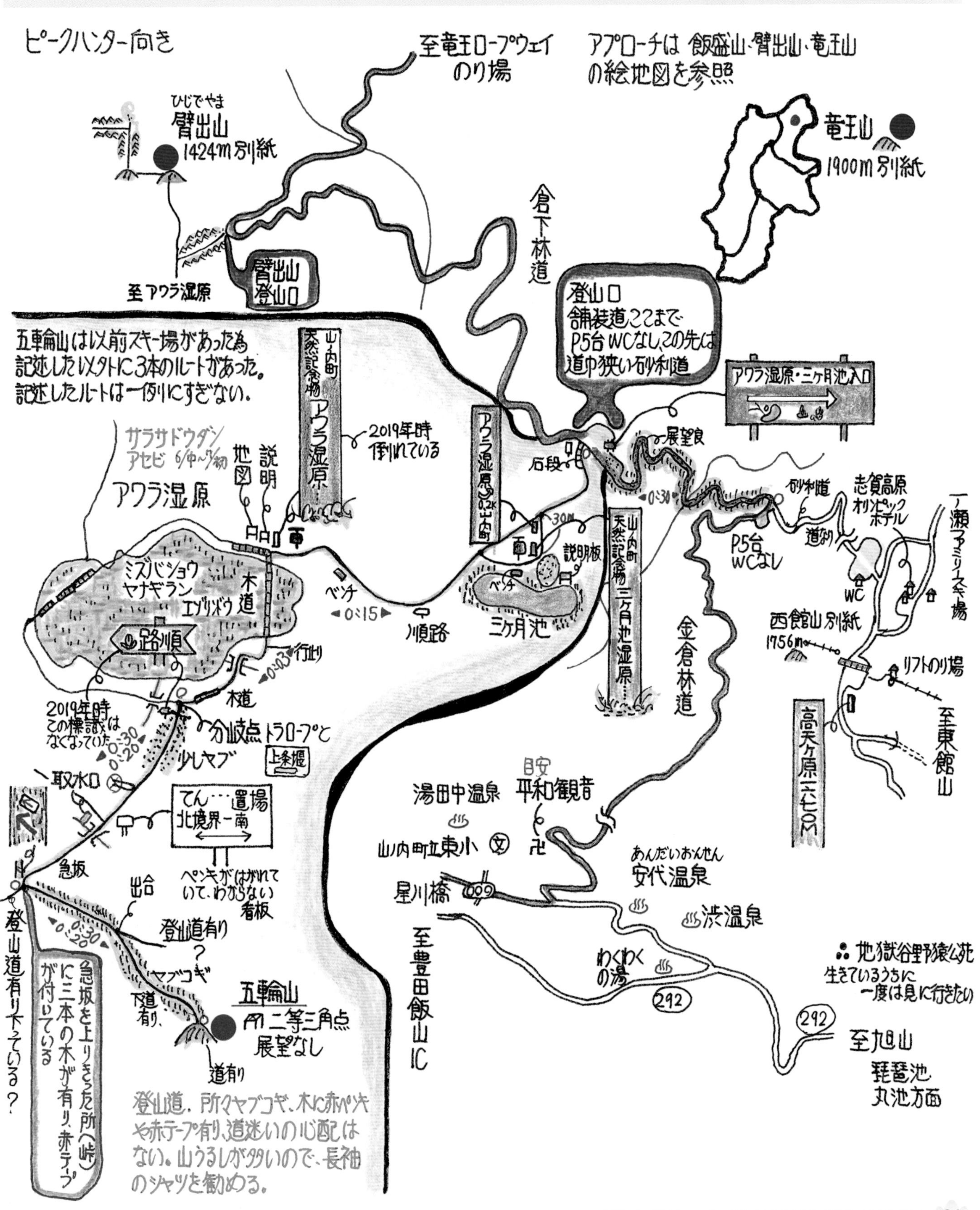

87 臂出山　ひじでやま／1424m／往復2時間30分

山ノ内町に有る山

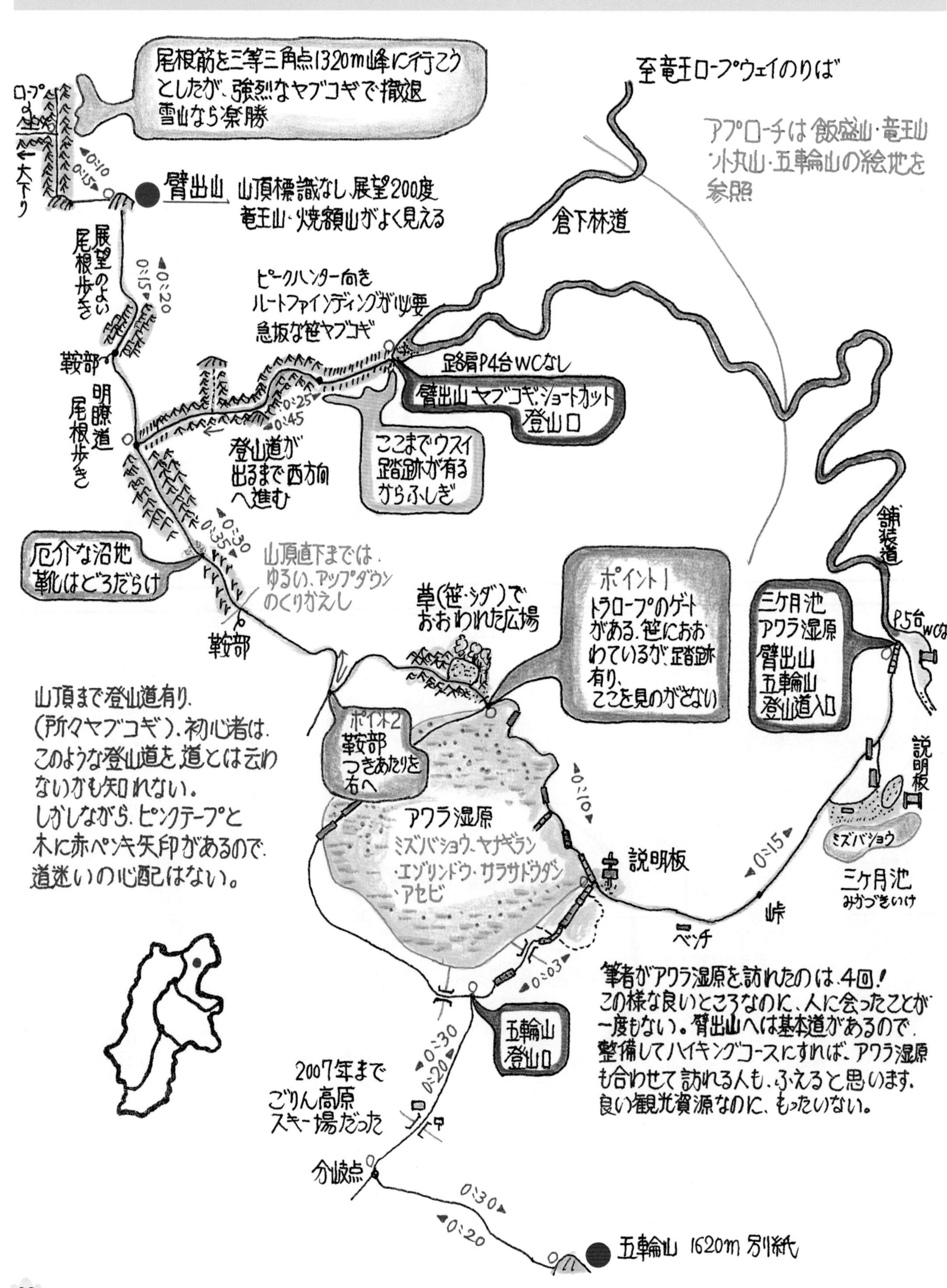

88 小丸山 こまるやま／1403m／往復2時間35分

山ノ内町に有る山

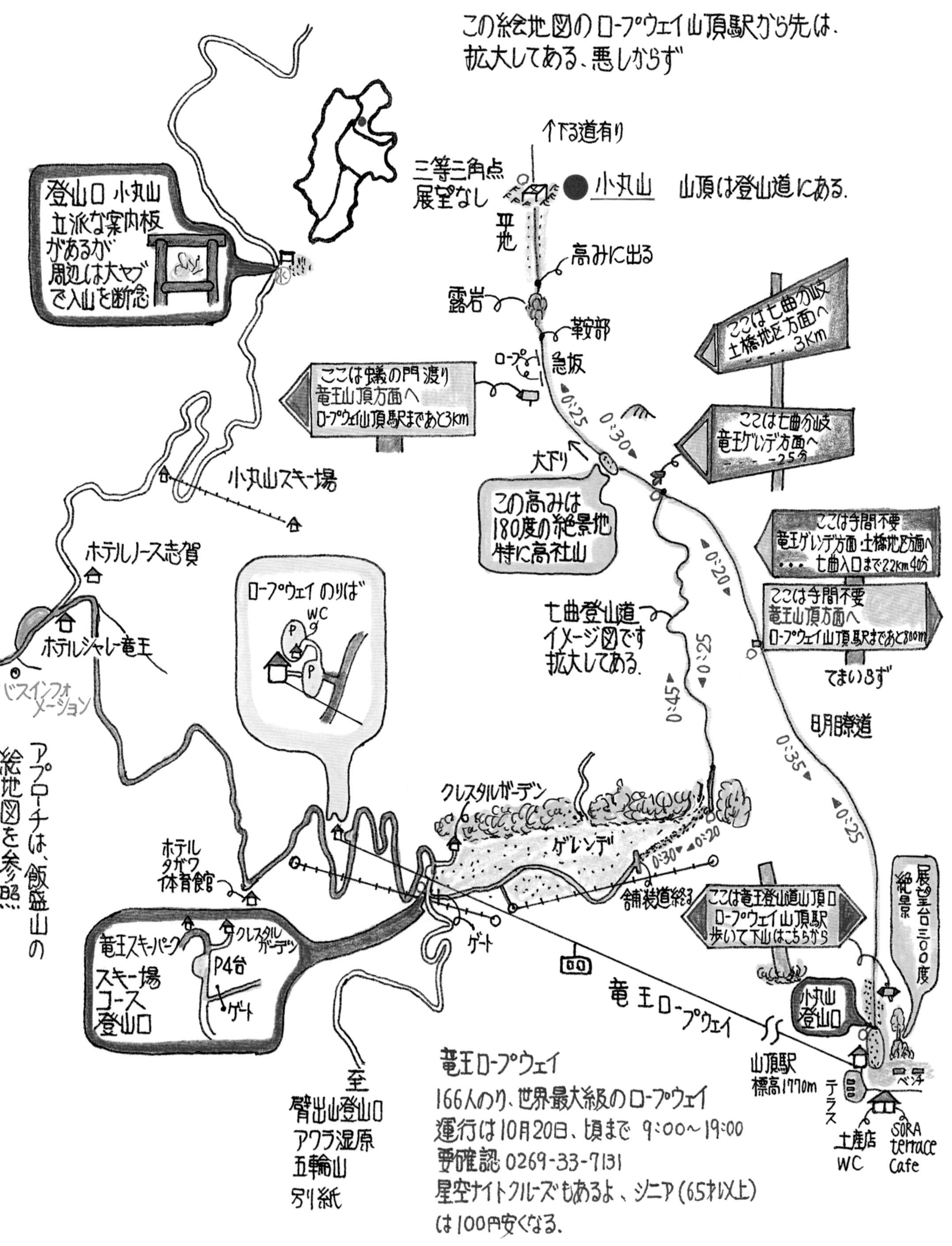

89 丸山 まるやま／1577m／往復50分

山ノ内町に有る山

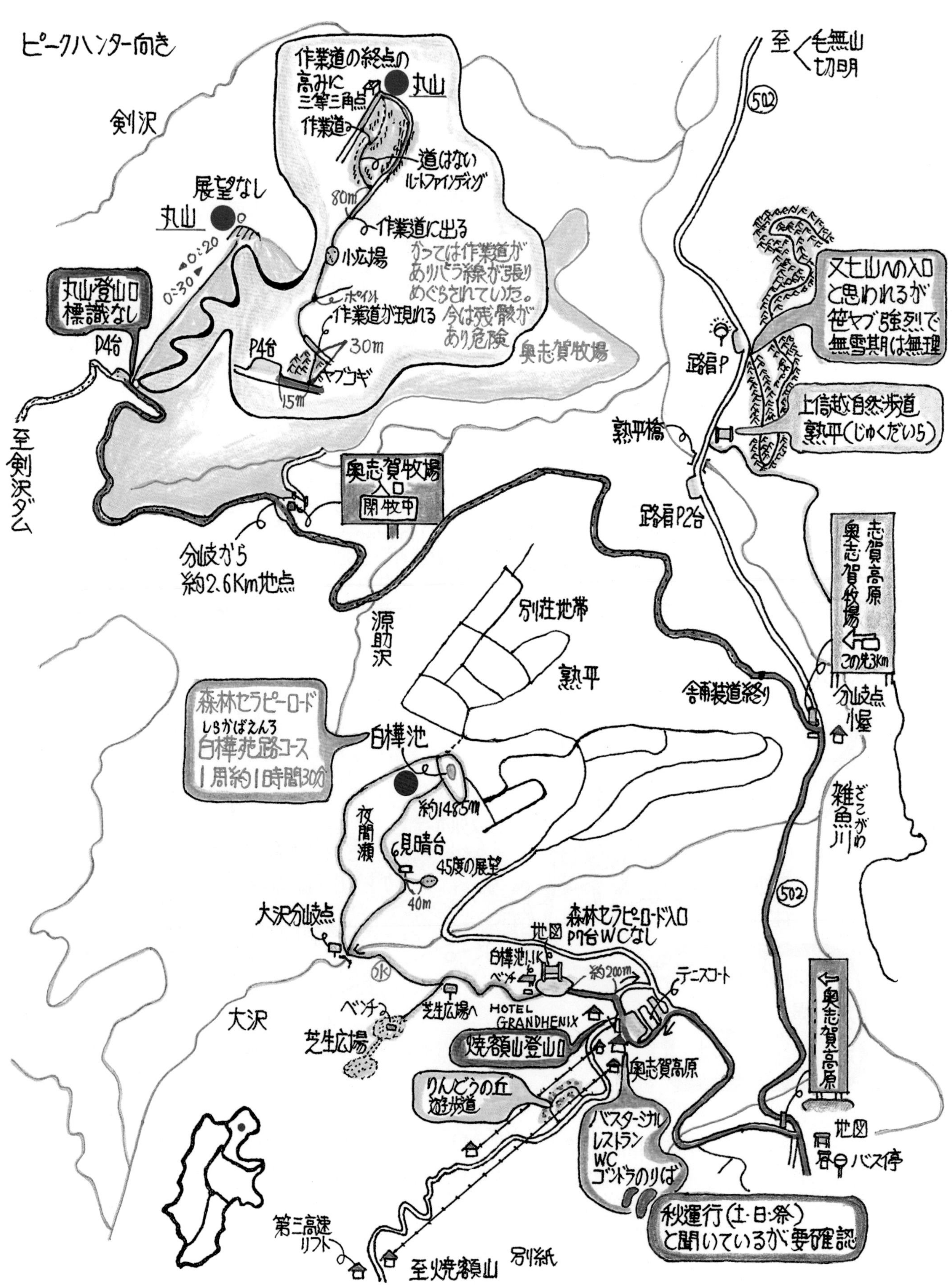

90 夕日山 ゆうひやま／1049m／往復2時間

山ノ内町に有る山

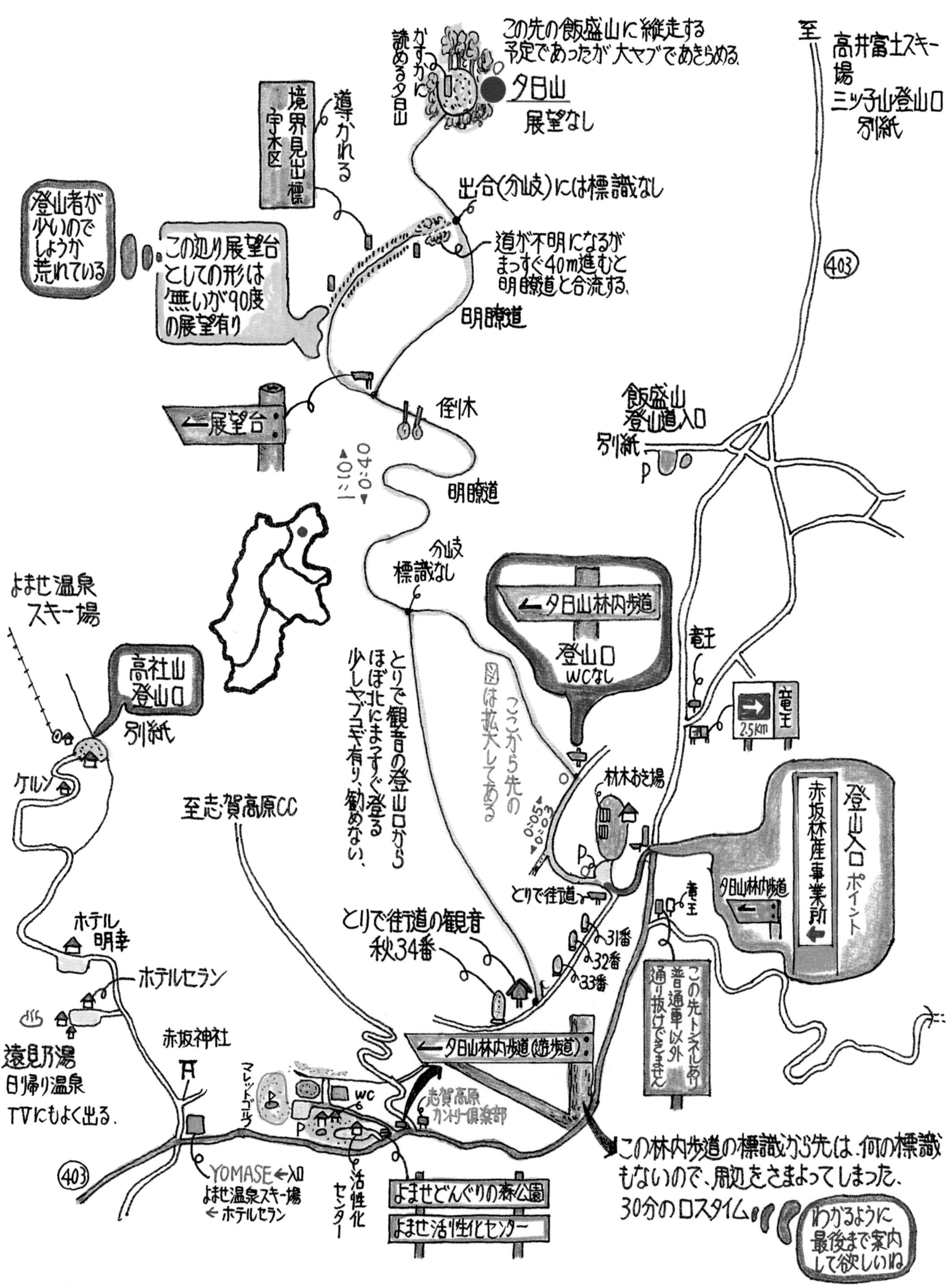

91 山ノ内町の飯盛山 いいもりやま／1064m／往復2時間20分

山ノ内町に有る山

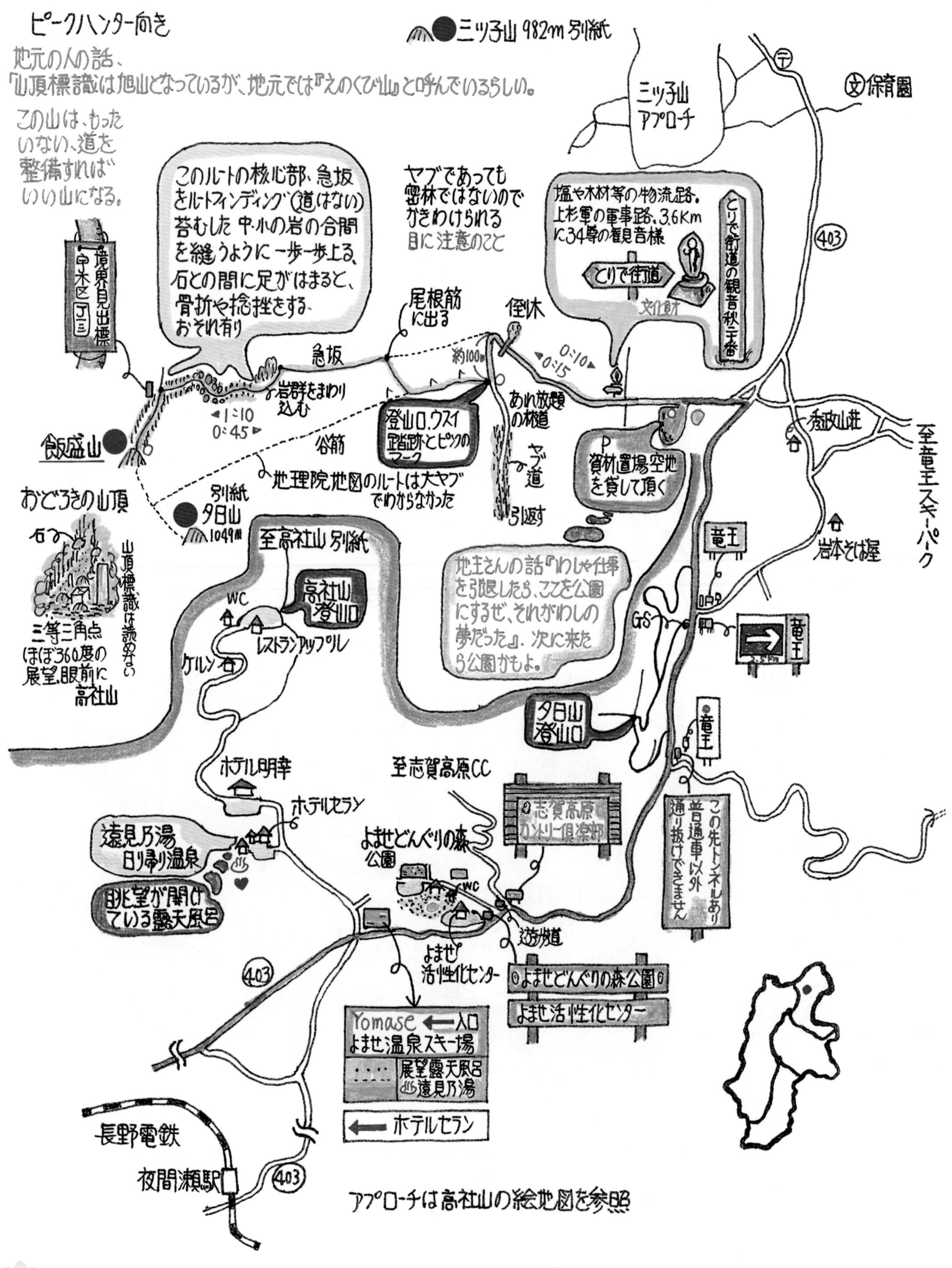

92 八剣山　はっけんざん／1675m／往復2時間10分

93 高標山　たかっぴょうやま／1747m／往復2時間55分

別読：こうひょうさん

以上は、木島平村に有る山

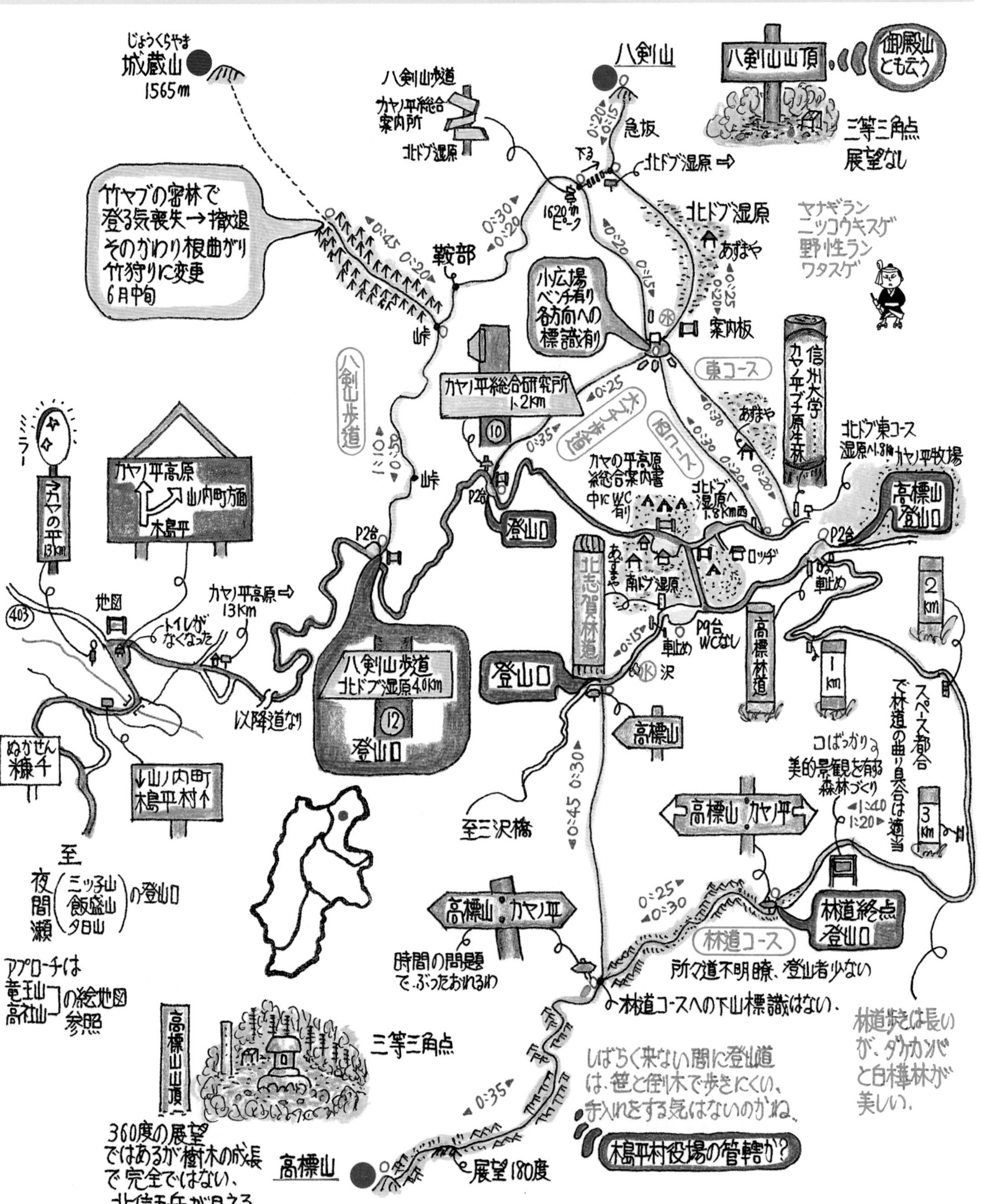

94 木島平村の日向城跡 ひなたじょうせき／650m／往復35分

95 平沢城跡 ひらさわじょうせき／約870m／往復1時間

以上は、木島平村に有る山

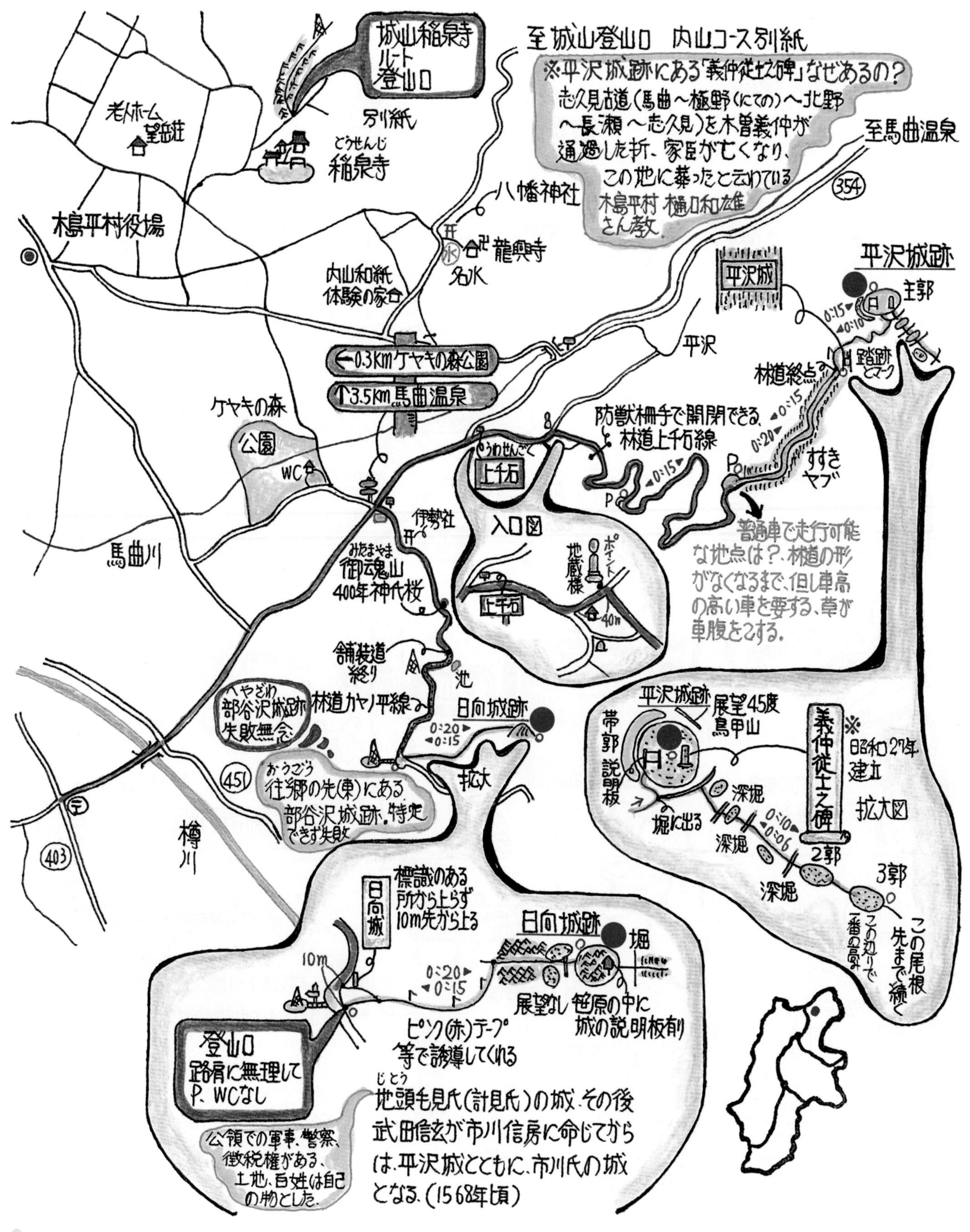

96 飯山市の城山　じょうやま／863m／往復2時間20分

別名：犬飼城跡(いぬがいじょうせき)又は城の峰
飯山市と木島平村の境の山

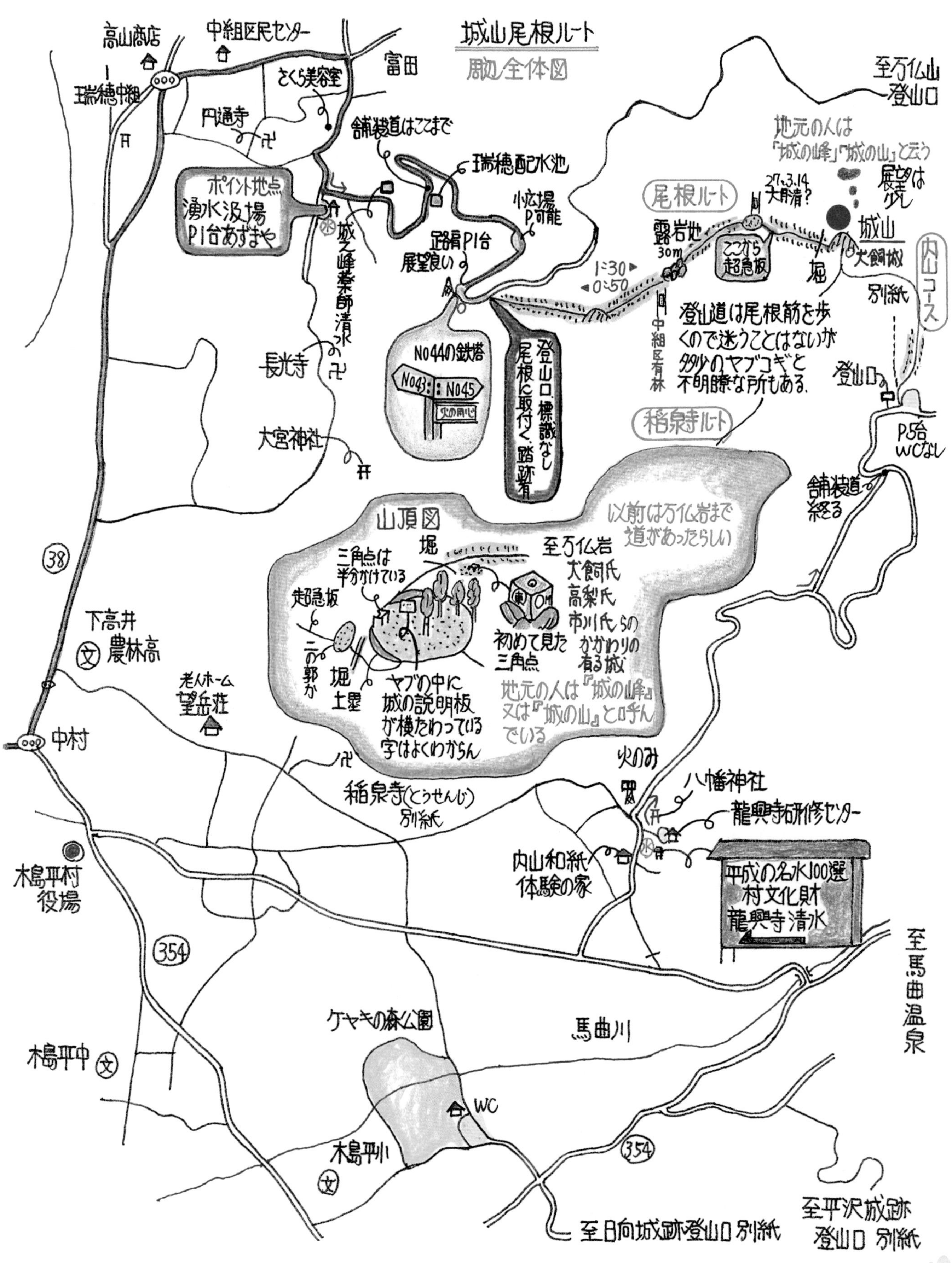

96 飯山市の**城山** じょうやま／863m／往復1時間35分

別名：犬飼城跡（いぬがいじょうせき）又は城の峰

飯山市と木島平村の境の山

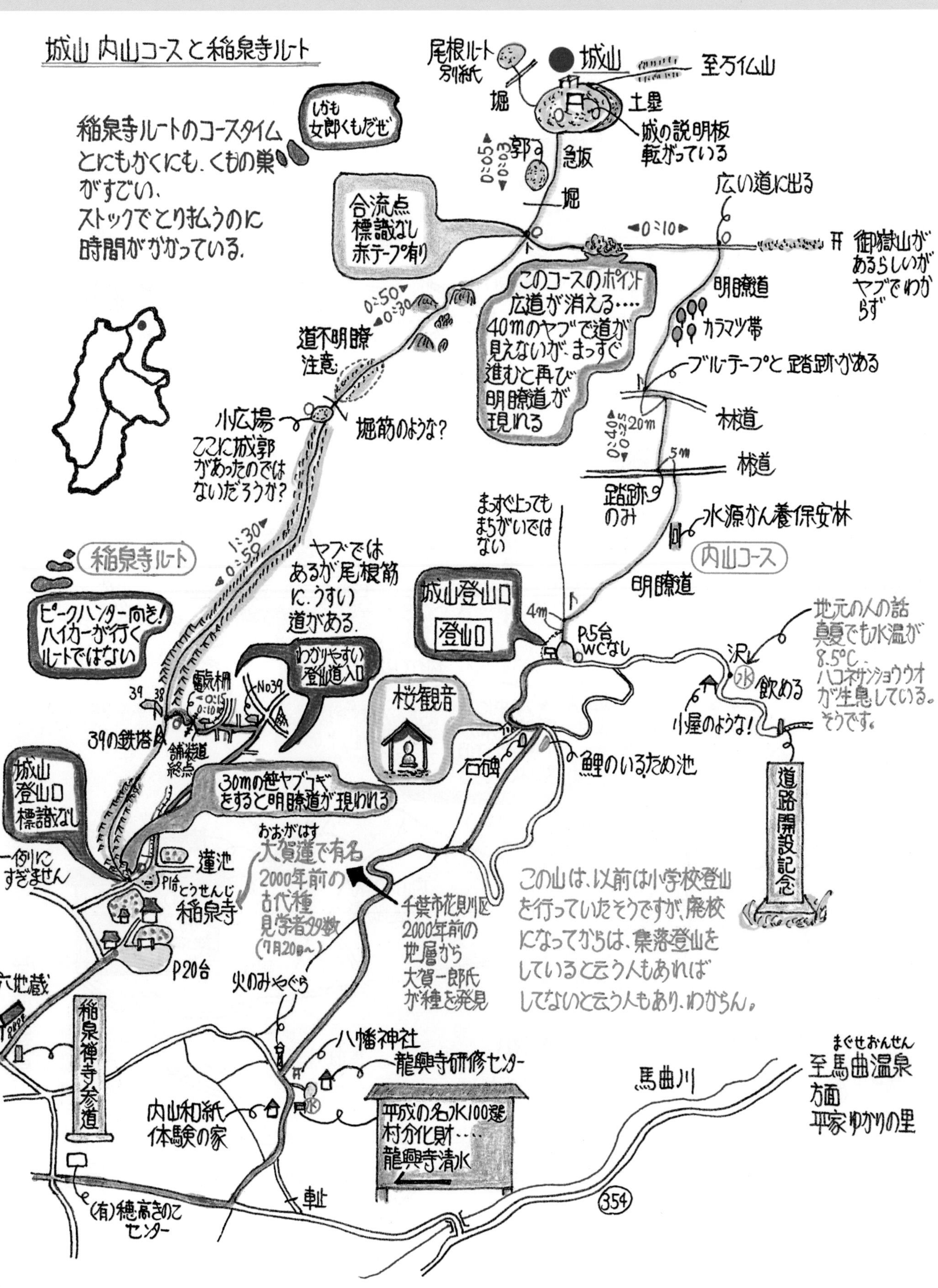

97 万仏山 まんぶつさん／1203m／往復3時間35分

飯山市と木島平村の境の山

瑞穂福島万仏山石仏（みずほふくしままんぶつさんせきぶつ）。
1846年に造られた万仏33観音が万仏岩まで続く。

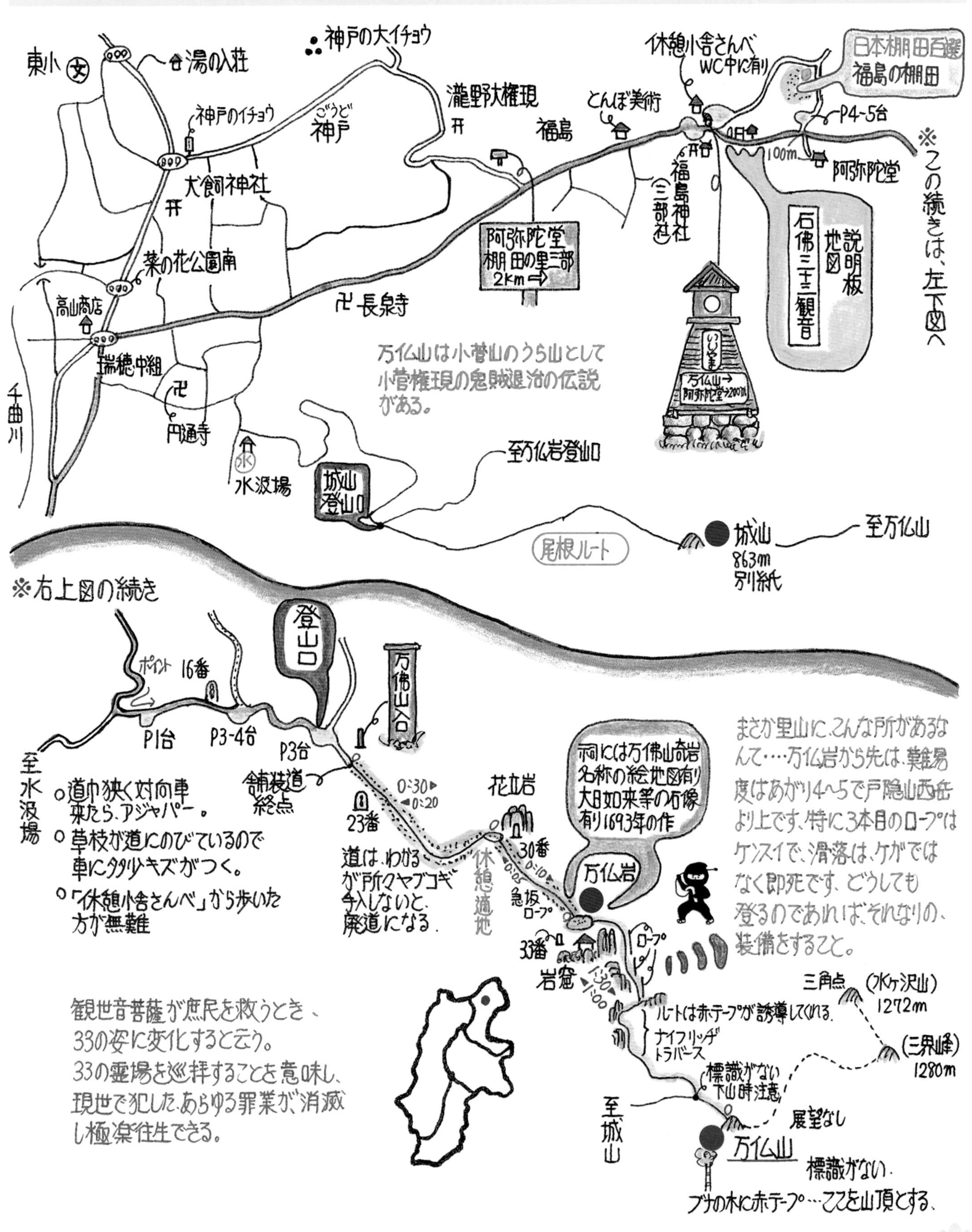

98 小菅山　こすげやま／1046m／周遊約3時間40分

飯山市と野沢温泉村の境の山

信州三大修験霊場（小菅山・戸隠山・飯綱山）の一つ、西の戸隠・東の小菅。山腹には、1300年前に建立された、国重要文化財の小菅神社がある。参道には、樹齢200～300年の杉大木が約800M連なる、その先にはブナの大木に巡り合う、正に神の山にふさわしく、ハイキングコースに最適な山…セラピーロードとして1年中遊べる山。ところが、標識や案内図に一言たりとも小菅山の文字が出てこない、小菅山山頂は通りこして下りになり、おかしいのに気付く、戻ってやり直しやっと山頂に至った…小菅神社はすばらしいが、なぜ信州百名山なのかわからない、見晴らし台は20度くらいのおそまつな展望・北竜湖ビューポイントは池の端が少し見えるだけ、カフェの駐車場のトイレ・水はキャンプ場利用者専用？登山者の私はいやな顔をされた、使用禁止なのかよくわからない。

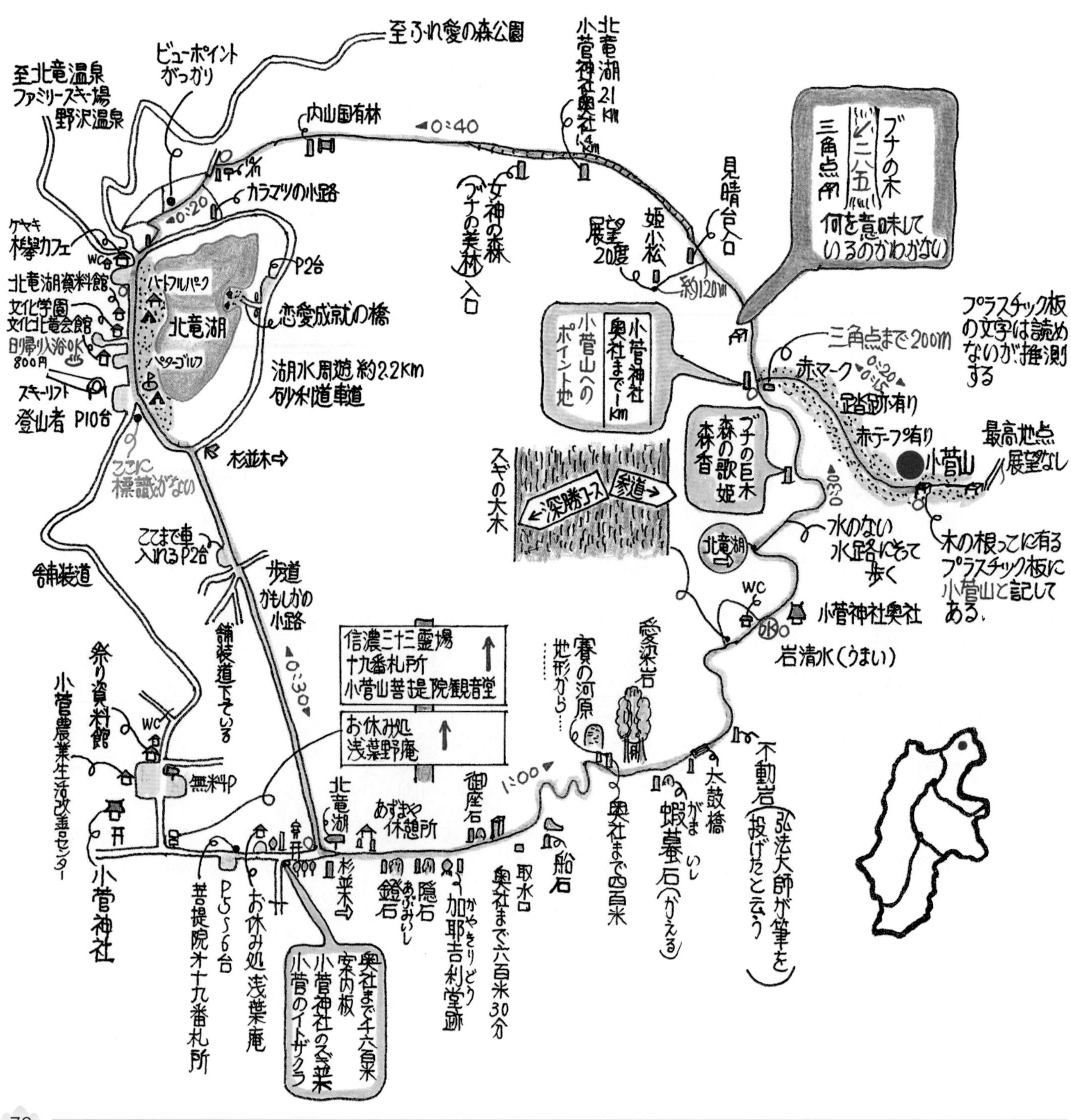

99 飯山市の長峰山　ながみねやま／416m／往復10分

飯山市に有る山

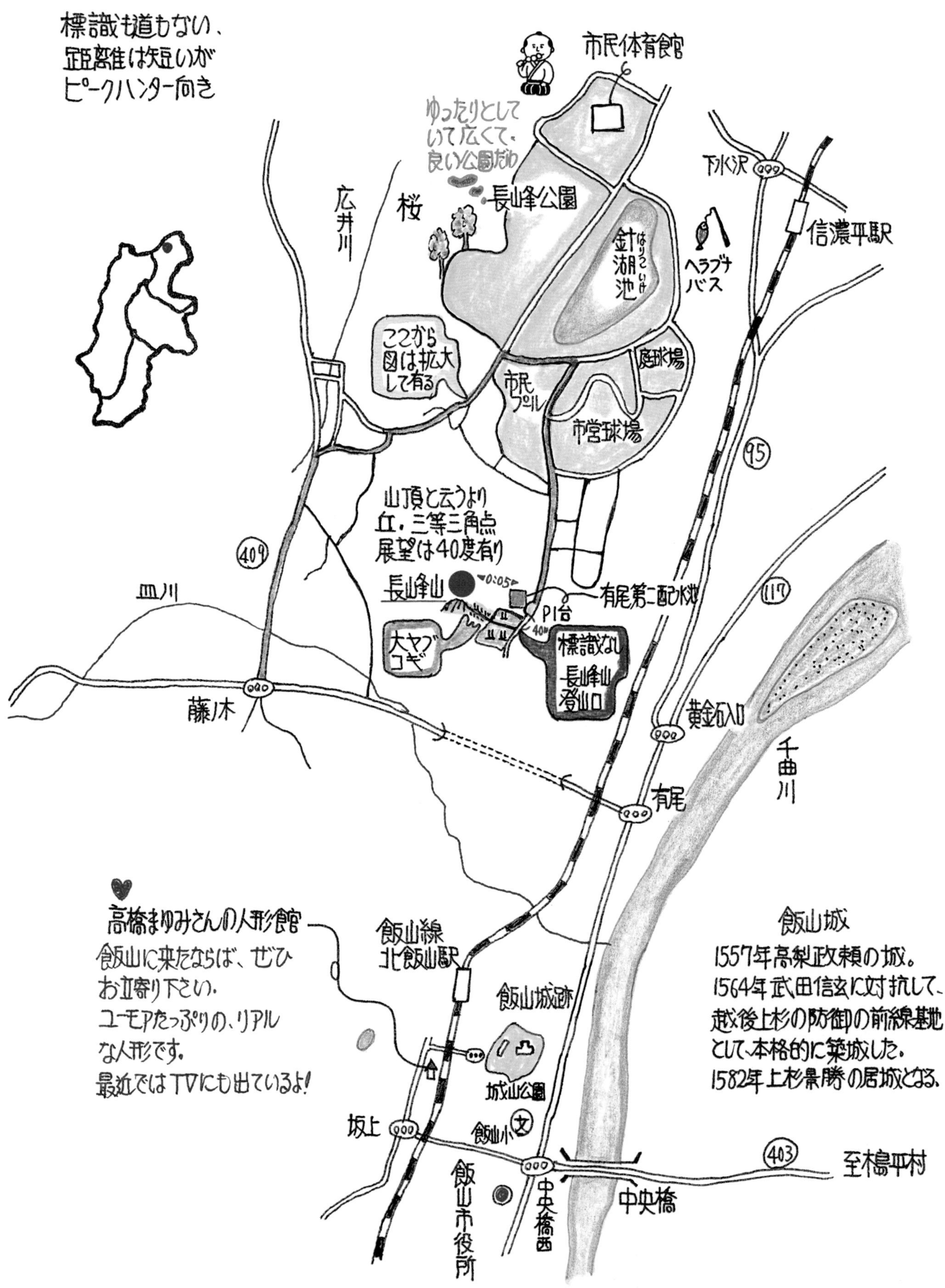

100 飯山市の毛無山 けなしやま／1022m／往復50分

飯山市と新潟県妙高市の境の山

別名：大平峰（おおひらみね）
信越トレイル…新潟県境との一級品のトレイルコース。2021年度の日本山岳遺産に認定されました。斑尾山～万坂峠他16の峠と９山～深坂峠～松之山口までの約80km

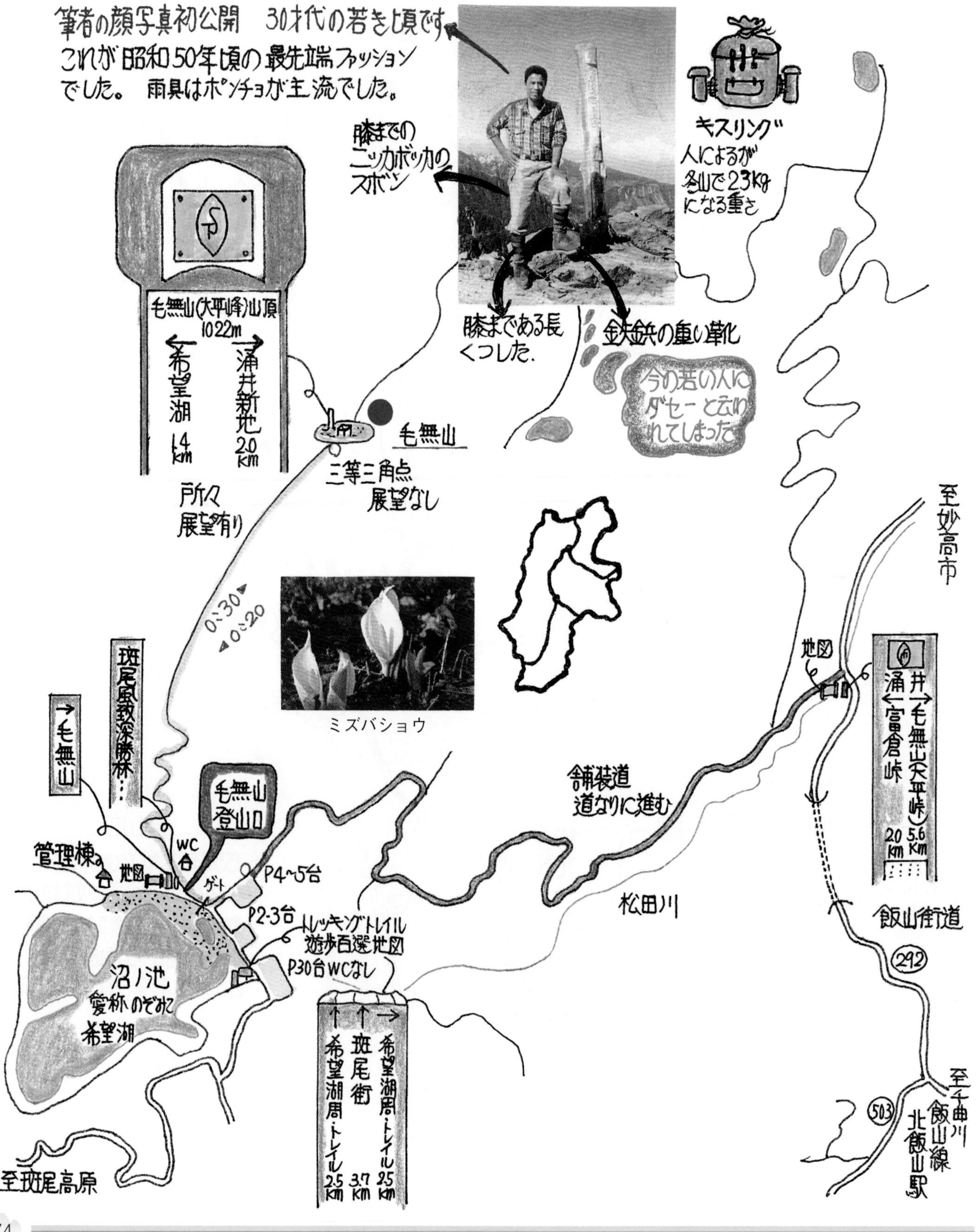

101 黒岩山 くろいわやま／911m／往復1時間10分

102 鷹落山 たかおちやま／879m／往復10分

以上は、飯山市に有る山

北鷹落山へは、途中まで道らしきものはあるがヤブコギで撤退・黒岩山最高地は、笹ヤブコギで動けず撤退。

黒岩山は1971年に山全体が国の天然記念物となった。

カタクリの群生…春の女神「ギフチョウ」「ヒメギフチョウ」・モリアオガエル・クロサンショウウオ・ササユリ・スミレサイシン等々

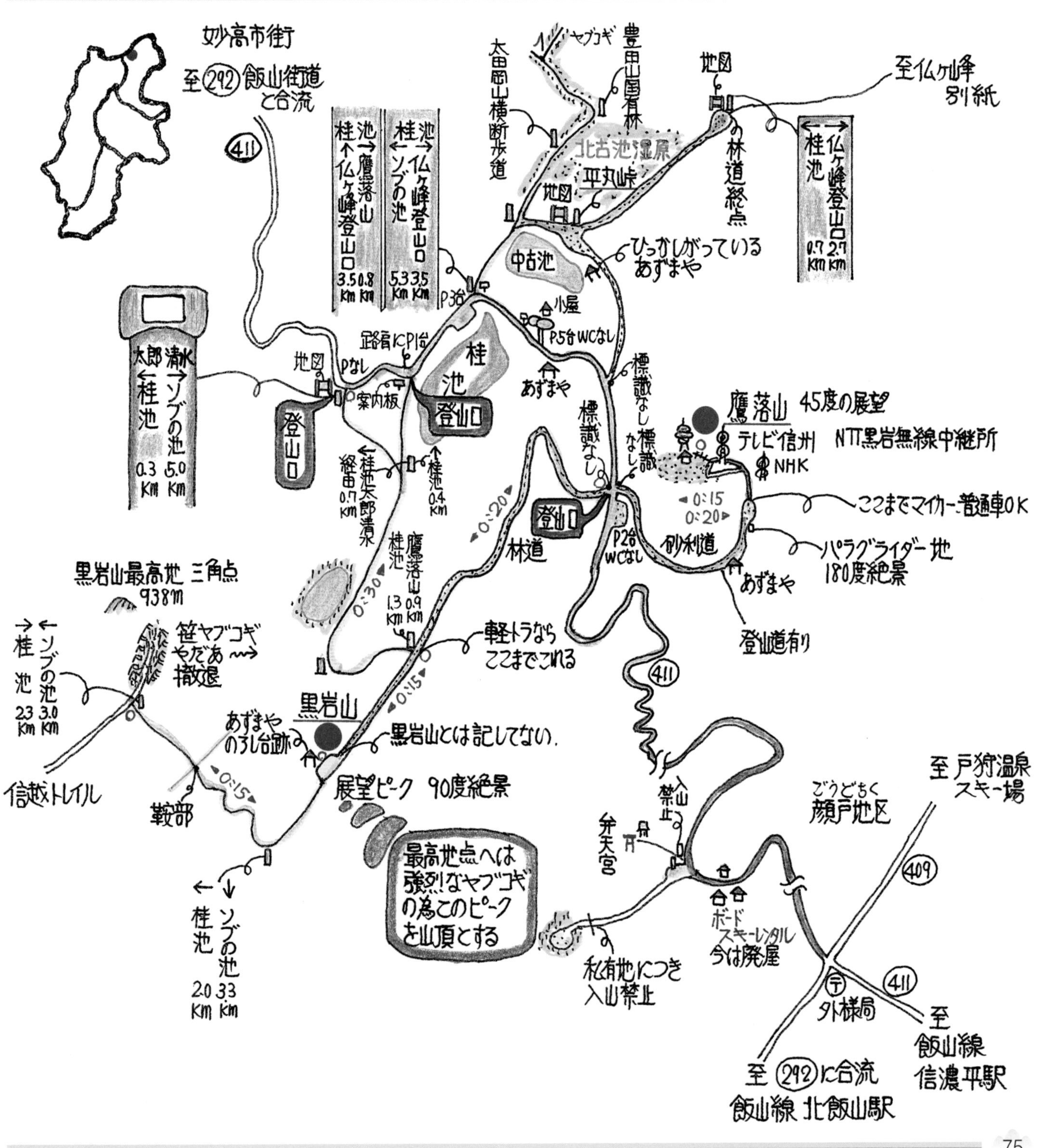

103 仏ヶ峰 ほとけがみね／1140m／周遊3時間

飯山市と新潟県妙高市の境の山

104 小仏ヶ峰 こぼとけがみね／750m／往復25分

別名：城山・北条城

飯山市に有る山

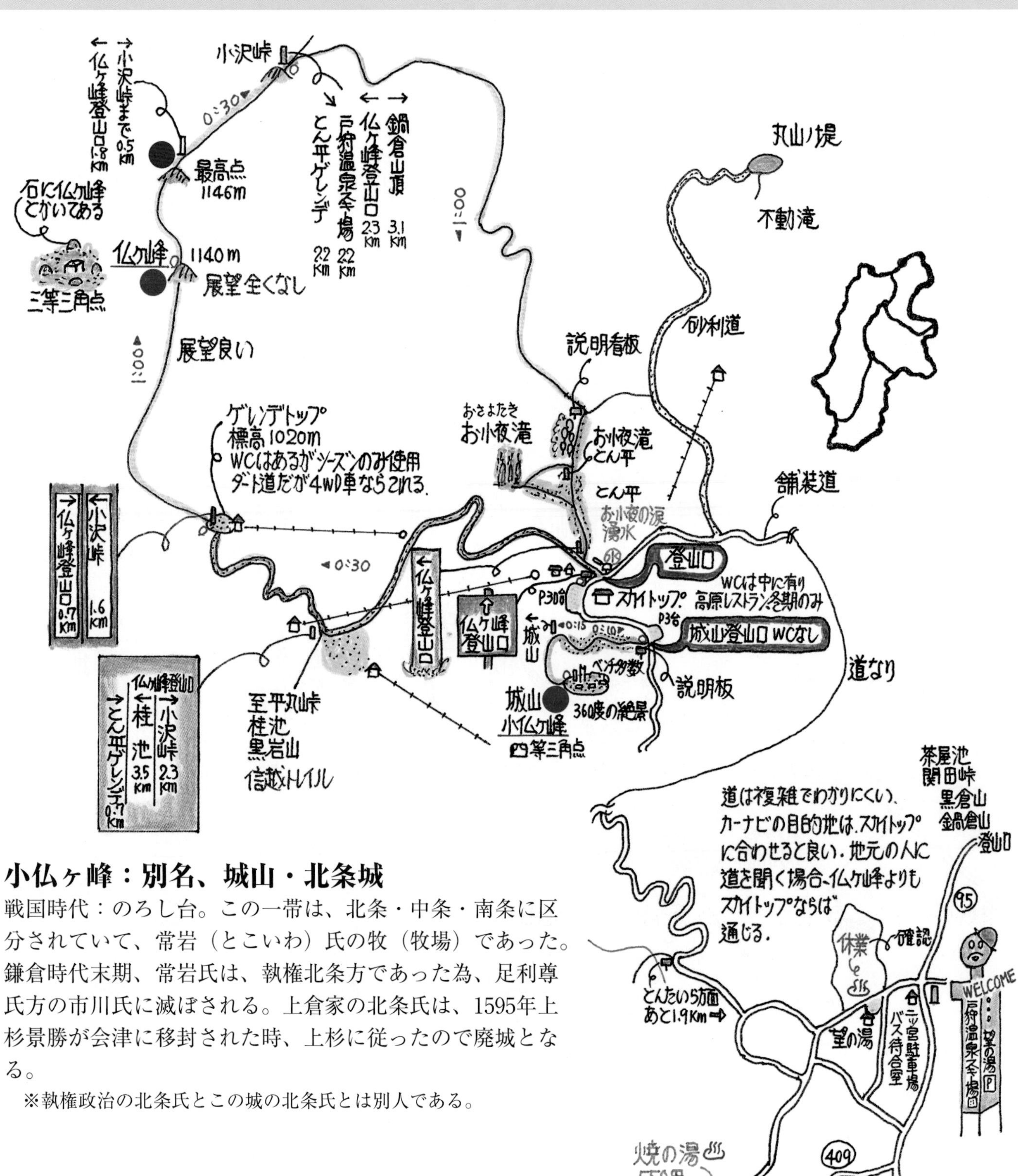

小仏ヶ峰：別名、城山・北条城

戦国時代：のろし台。この一帯は、北条・中条・南条に区分されていて、常岩（とこいわ）氏の牧（牧場）であった。鎌倉時代末期、常岩氏は、執権北条方であった為、足利尊氏方の市川氏に滅ぼされる。上倉家の北条氏は、1595年上杉景勝が会津に移封された時、上杉に従ったので廃城となる。

※執権政治の北条氏とこの城の北条氏とは別人である。

105 黒倉山　くろくらやま／1242m／往復1時間30分

飯山市と新潟県上越市と妙高市の境の山

106 鍋倉山　なべくらやま／1288m／往復2時間10分

飯山市と新潟県妙高市の境の山

看板に記してある「入口に標識を設けない理由」

…登山道の状況と自然保護の観点から不特定多数の入山者、装備の不十分な入山を避けるための配慮からです…

☆思わず笑い：不特定多数とはどう云う意味か、装備の心配は自己責任につき無用、余り人を入山させたくない為、入口を解りにくくするのはおかしい。

一人でも多くの人に訪れてもらい、入口がよく解り安全安心登山をさせたらいいでしょう、ブナが痛むなら柵で囲むとか、（他では多々工夫している）その旨（ブナ林保護）を入口に説明及び注意書きをして良く理解して貰ったらどうでしょう？。

107 # 大神楽山 おおかぐらやま／1095m／往復1時間40分

飯山市と新潟県上越市の境の山

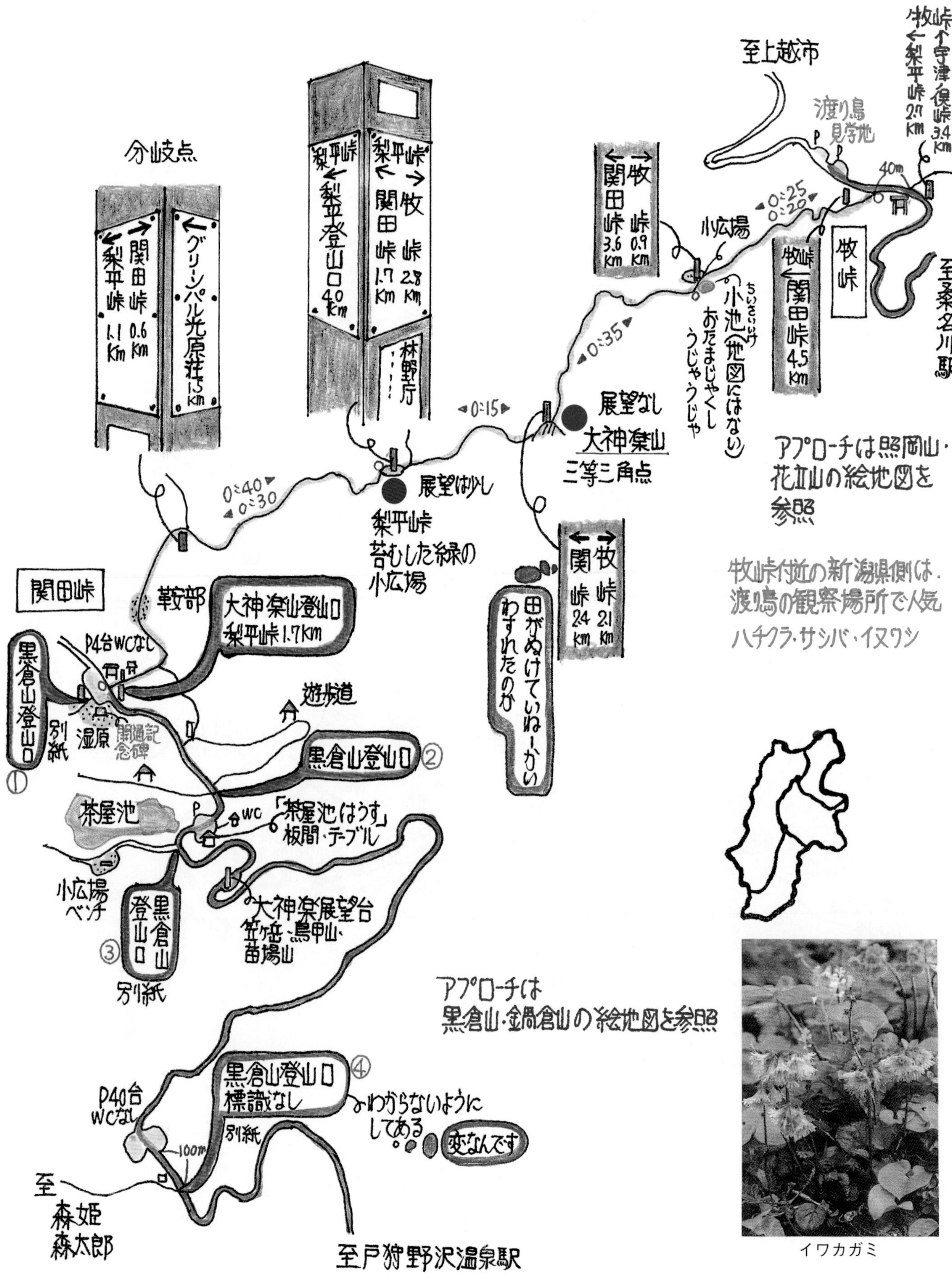

イワカガミ

108 花立山　はなたてやま／1069m／往復1時間15分

109 照岡山　てるおかやま／1094m／往復25分

以上は、飯山市と新潟県上越市の境の山

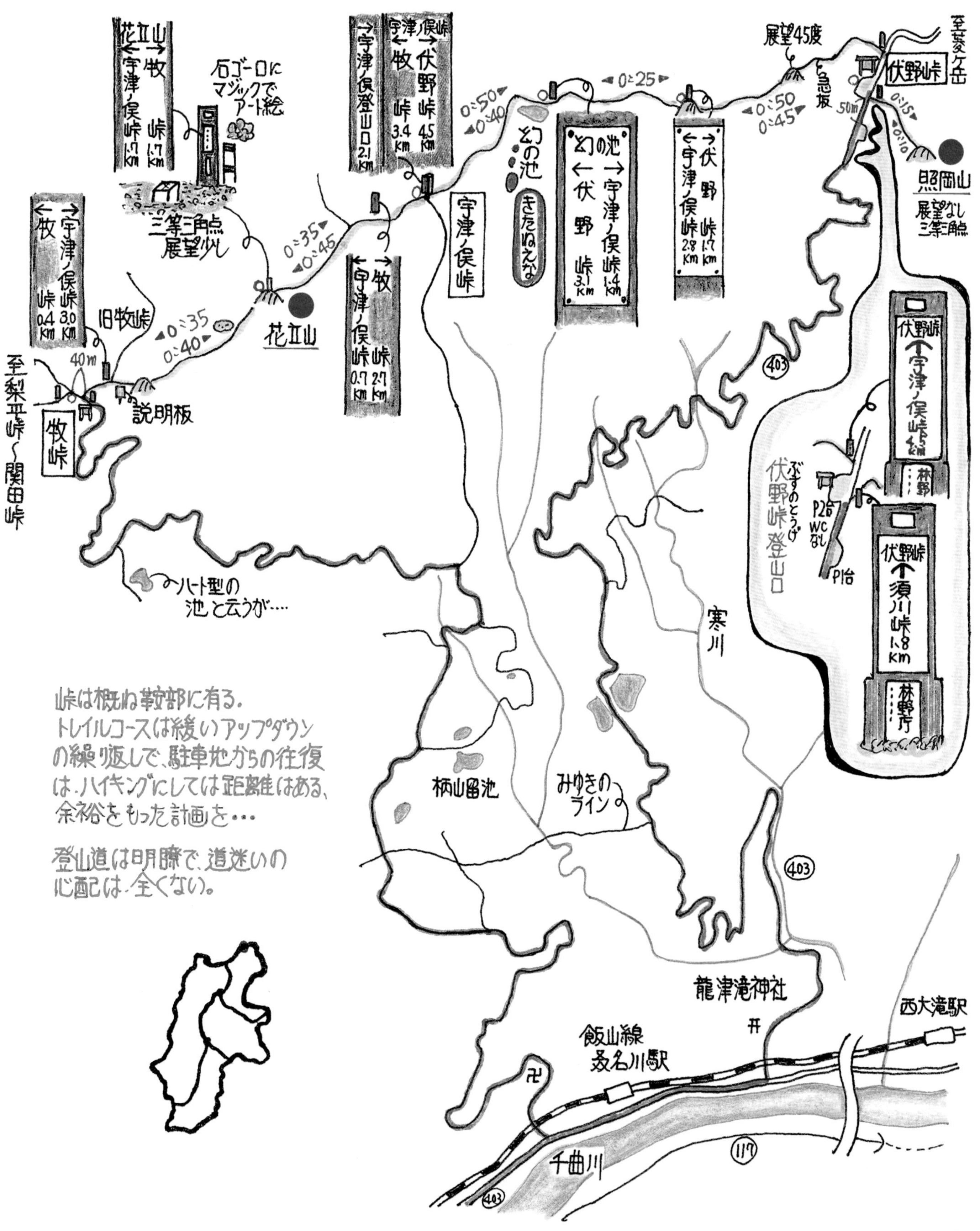

110 野々海ノ頭　ののみのかしら／1135m／往復1時間5分

飯山市と新潟県上越市と十日町市の境の山

111 又右エ門山　またえもんやま／1071m／往復10分

飯山市に有る山

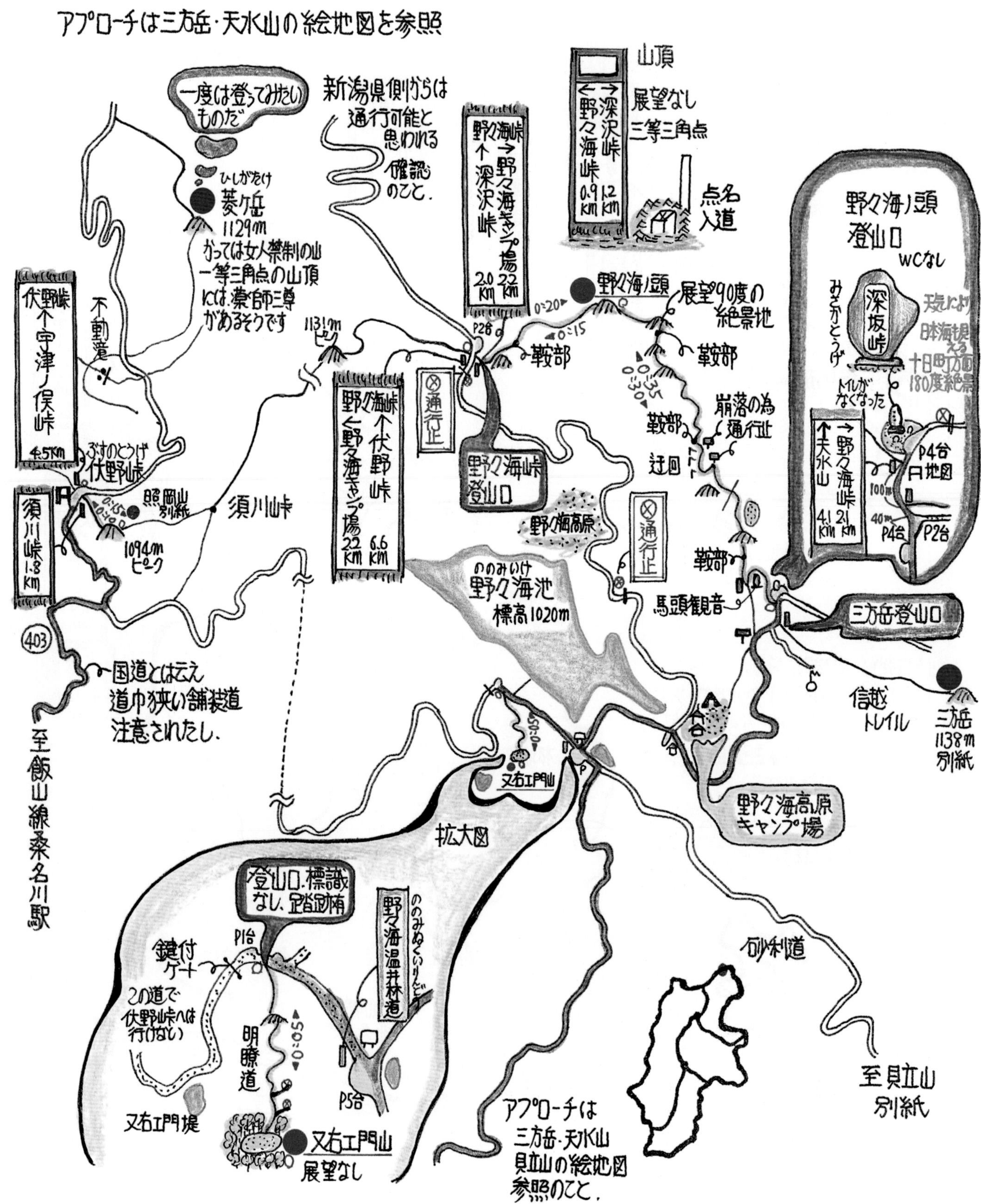

112 三方岳 さんぽうだけ／1138m／往復3時間10分

113 天水山 あまみずやま／1088m／往復1時間10分

以上は、栄村と新潟県十日町市の境の山

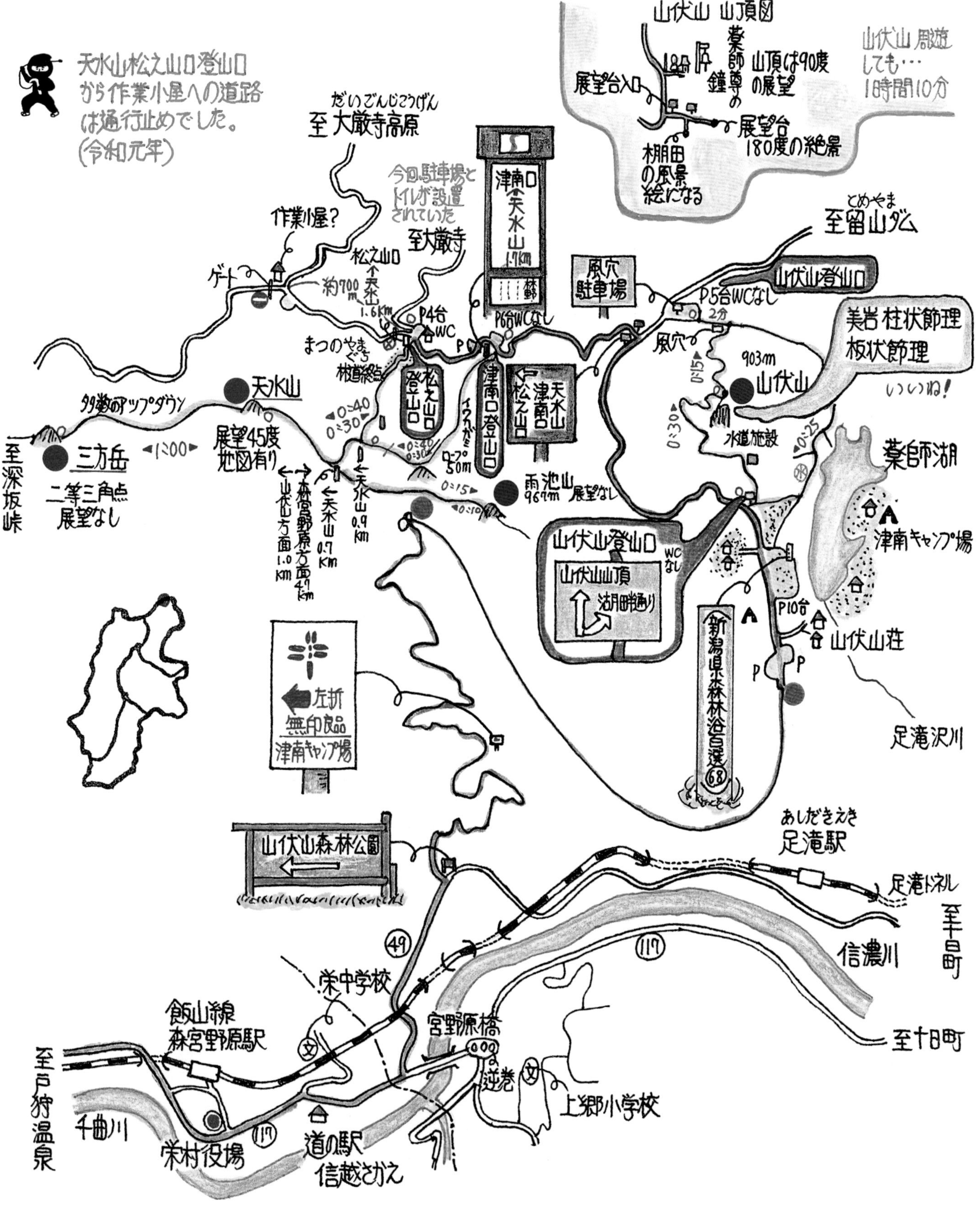

112 三方岳　さんぽうだけ／1138m／往復50分

113 天水山　あまみずやま／1088m／往復2時間50分

以上は、栄村と新潟県十日町市の境の山

114 貝立山　かいたてやま／937m／往復30分

栄村に有る山

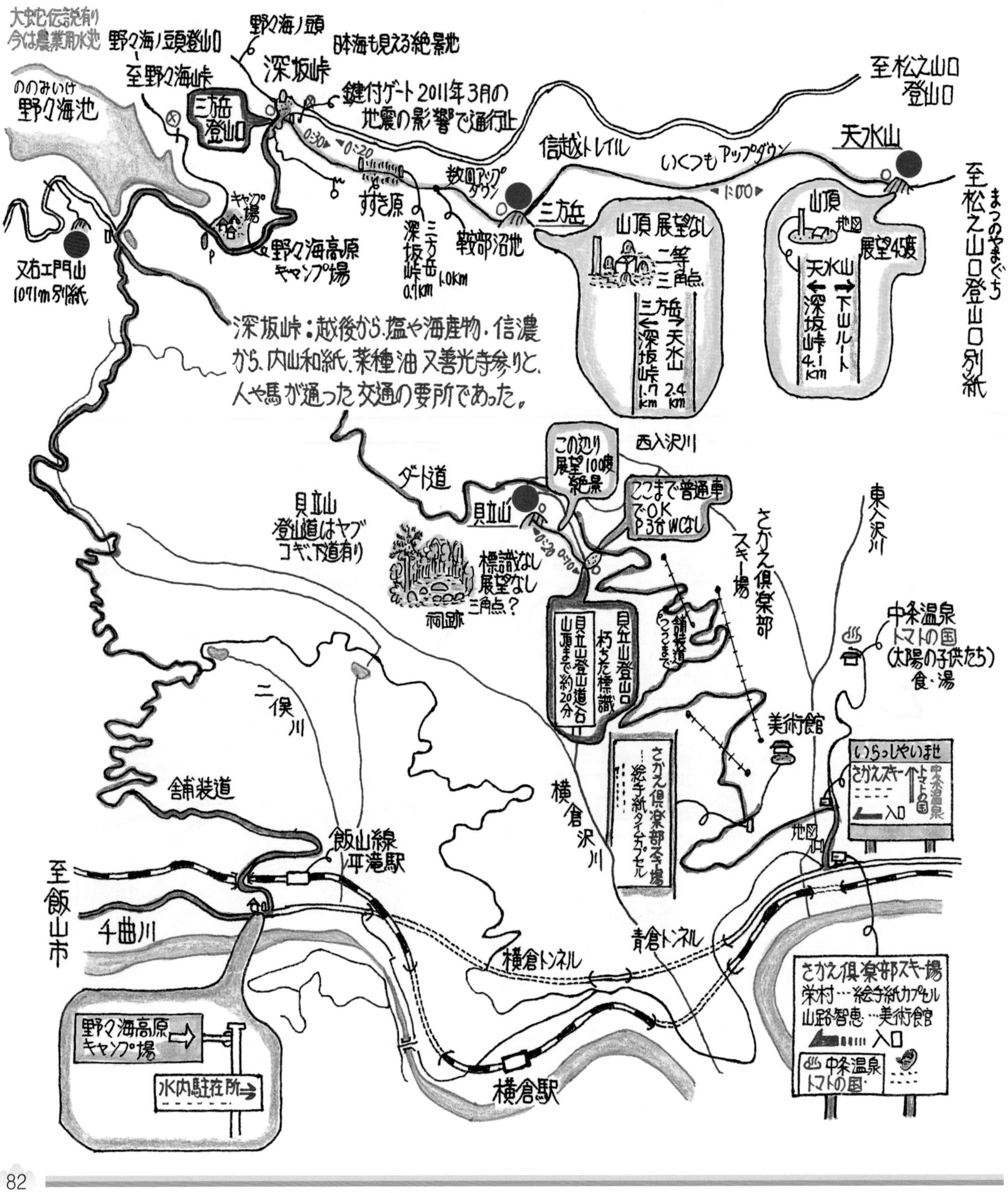

大蛇伝説有り
今は農業用水池
ののみいけ
野々海池
野々海ノ頭登山口
至野々海峠
野々海ノ頭
日本海も見える絶景地
深坂峠
三方岳登山口
鍵付ゲート2011年3月の地震の影響で通行止
至松之山口登山口
信越トレイル
いくつもアップダウン
天水山
至松之山口登山口別紙
まつのやまぐち
キャンプ場
野々海高原キャンプ場
すすき原
数回アップダウン
深坂峠 0.9km
三方岳 1.0km
鞍部沼地
三方岳
山頂 展望なし
二等三角点
三方岳 ← 深坂峠 1.7km
→ 天水山 2.4km
山頂
展望45度
天水山 ← 深坂峠 4.1km
→ 下山ルート
又右エ門山 1071m 別紙
深坂峠：越後から、塩や海産物・信濃から、内山和紙、菜種油 又善光寺参りと、人や馬が通った交通の要所であった。
西入沢川
この辺り展望100度絶景
ダート道
ここまで普通車でOK P3台 WCなし
貝立山
貝立山登山道はヤブコギ、下道有り
標識なし展望なし三角点？
祠跡
さかえ倶楽部スキー場
東入沢川
舗装道ここまで
貝立山登山口 朽ちた標識
貝立山登山道台 山頂まで約20分
中条温泉 トマトの国（太陽の子供たち）食・湯
二俣川
美術館
いらっしゃいませ
さかえスキー トマトの国 中条温泉 入口
舗装道
横倉沢川
さかえ倶楽部スキー場 …絵手紙タイムカプセル
飯山線 平滝駅
至飯山市
千曲川
地図
青倉トンネル
横倉トンネル
さかえ倶楽部スキー場
栄村…絵手紙カプセル
山路智恵…美術館
入口
中条温泉 トマトの国
野々海高原キャンプ場
水内駐在所
横倉駅

115 白鳥城跡 しらとりじょうせき／430m／往復25分

116 城坂城跡 じょうさかじょうせき／395m／往復1時間15分

117 仙当城跡 せっとじょうせき／460m／往復55分

以上は、栄村に有る山

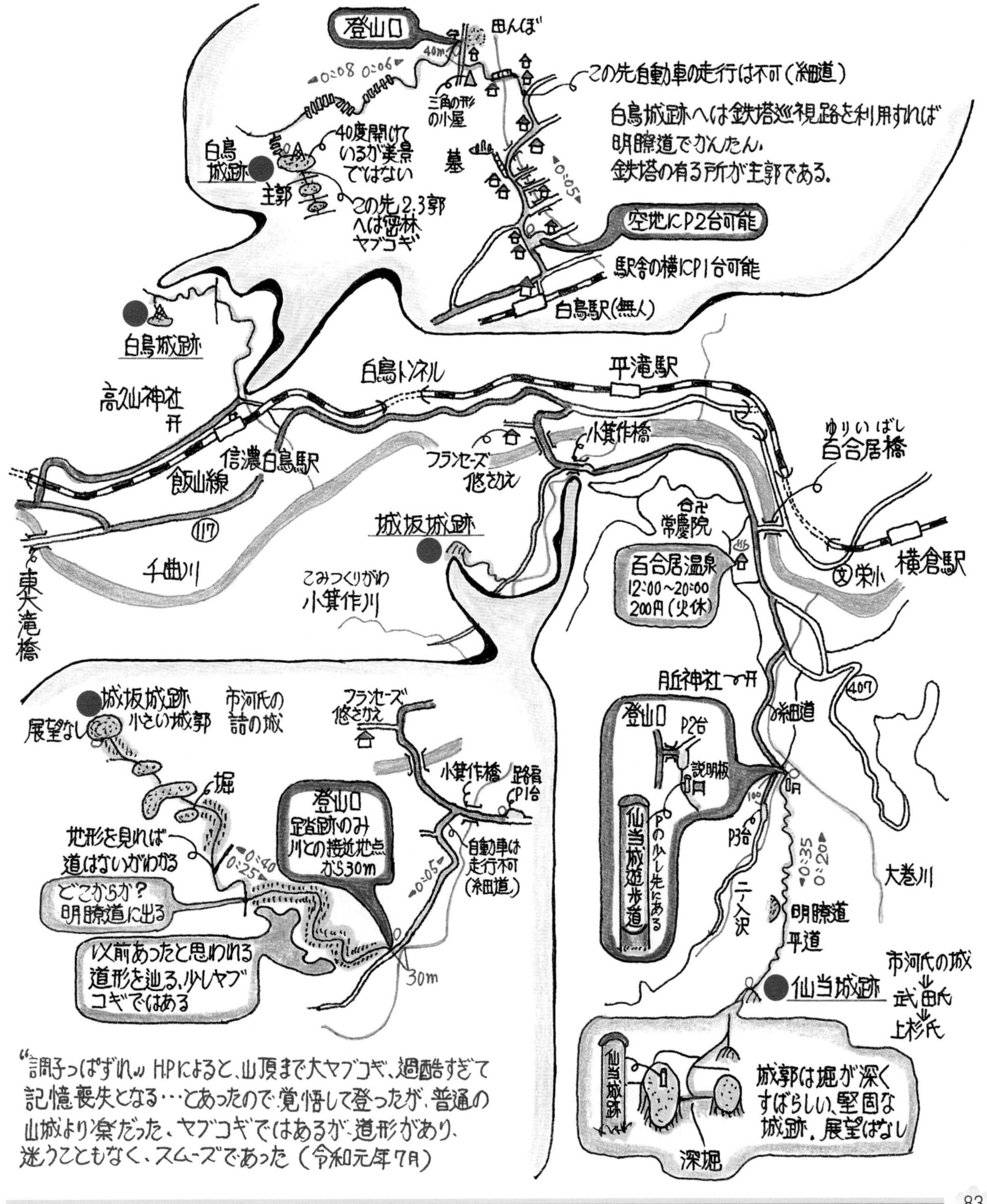

118 野沢温泉村の高倉山 たかくらやま／850m／往復1時間15分

野沢温泉村と栄村の境の山

119 水尾山 みずおやま／1044m／往復40分

野沢温泉村に有る山

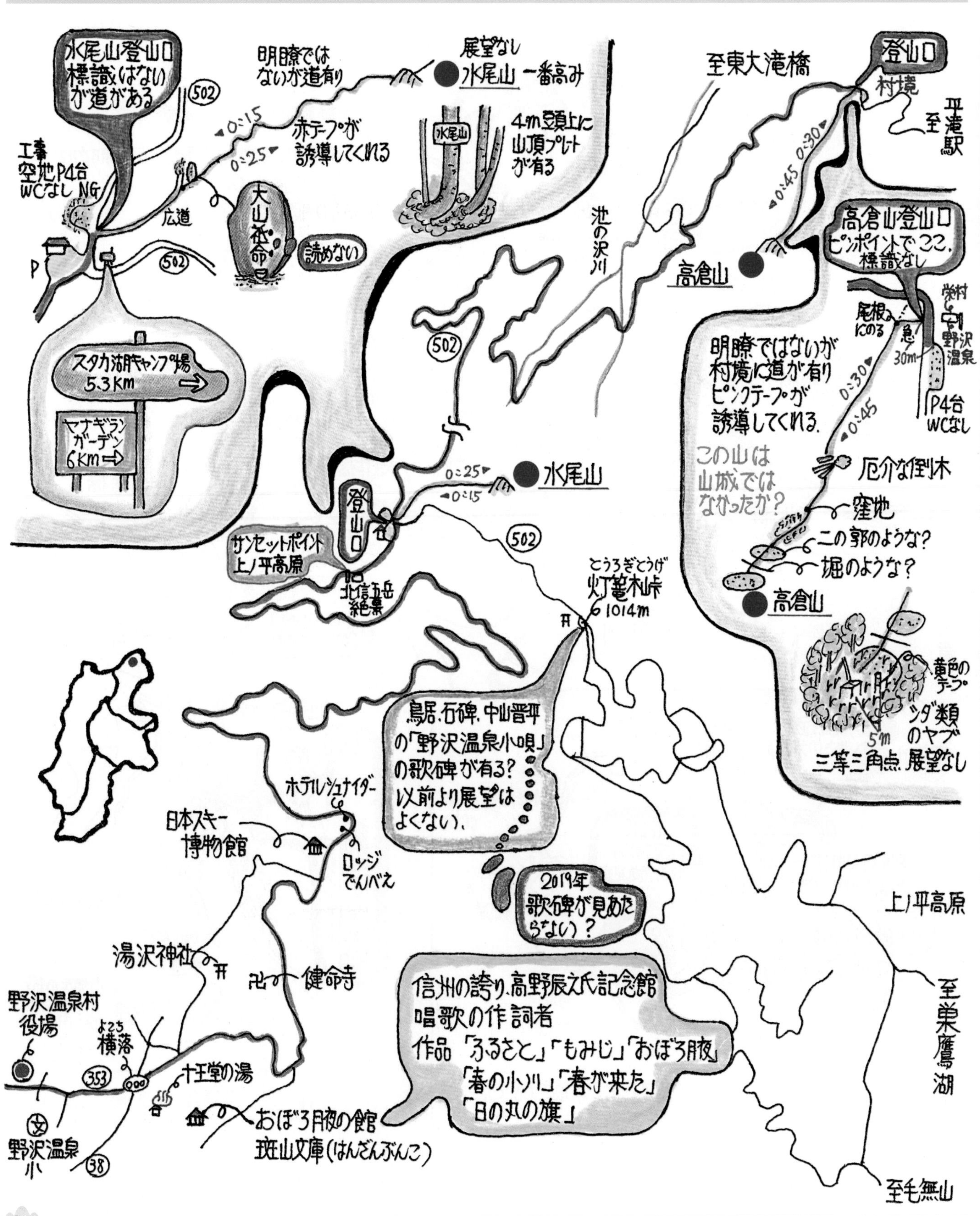

120 野沢温泉村の毛無山 けなしやま／1649m／往復1時間15分

野沢温泉村に有る山

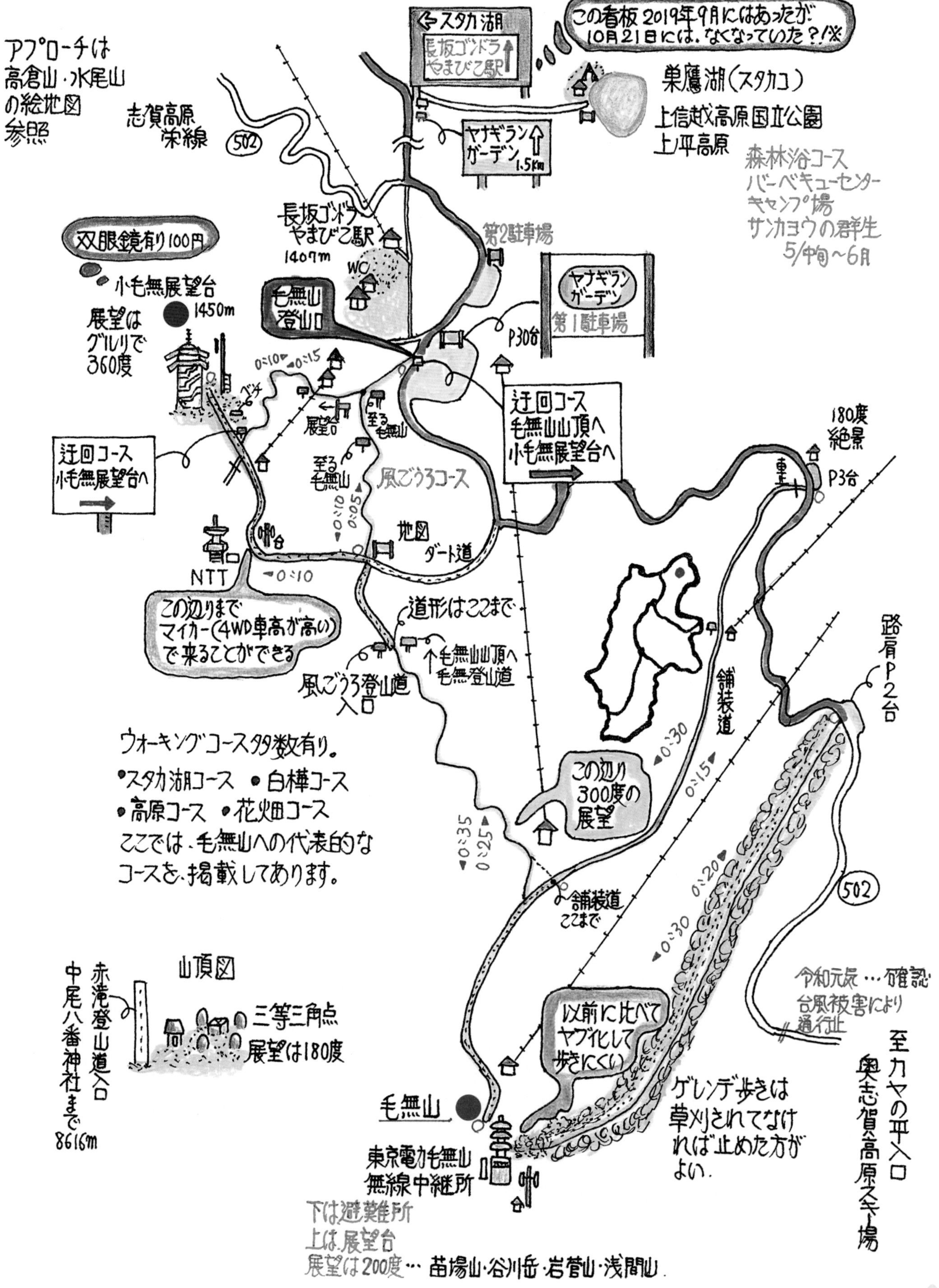

121 牛ヶ窪城跡　うしがくぼじょうせき／440m／往復10分

122 天代牛子城跡　あましろうしこじょうせき／580m／往復1時間40分

以上は、栄村に有る山

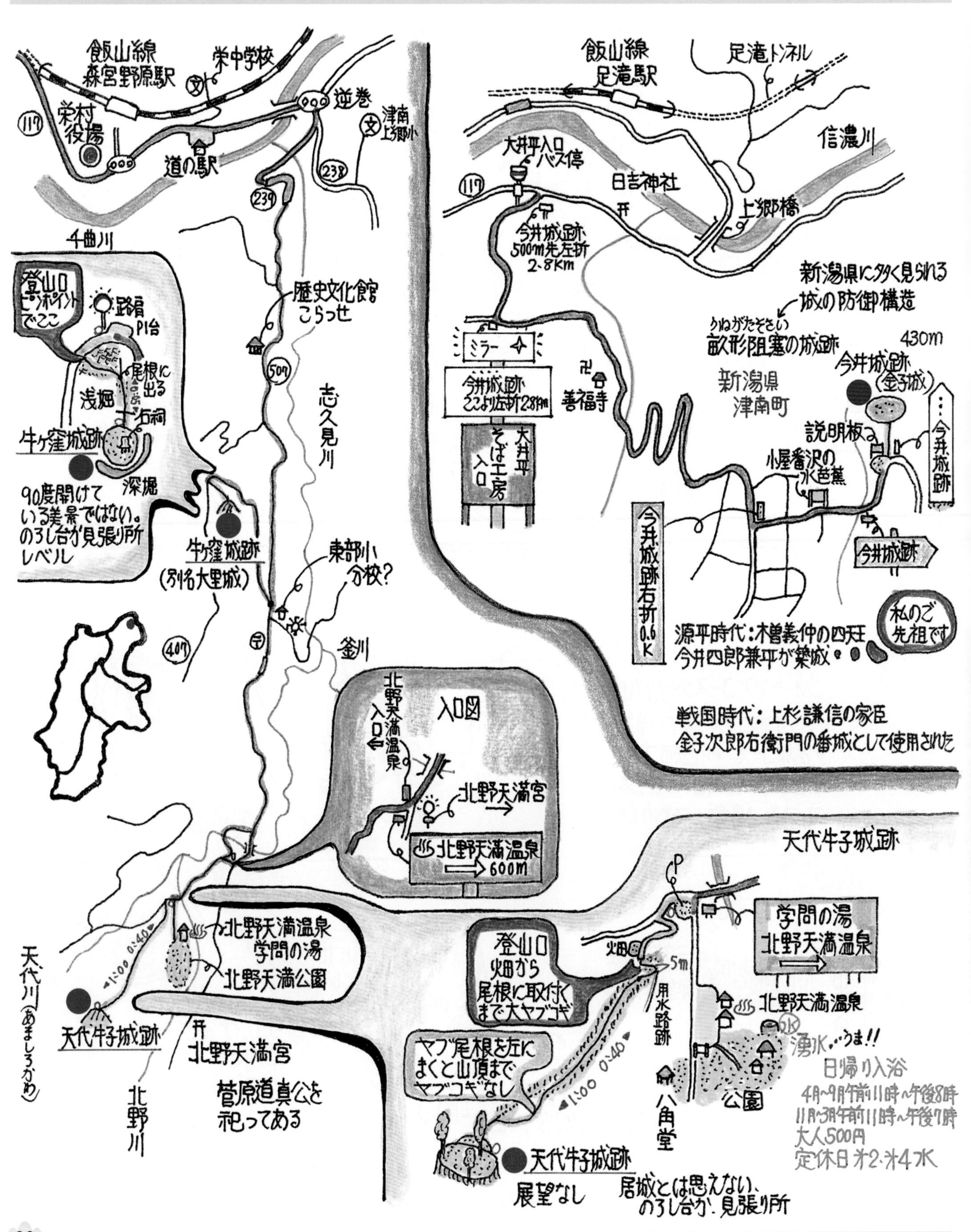

123 栄村の高倉山　たかくらやま／1330m／往復3時間20分

栄村に有る山

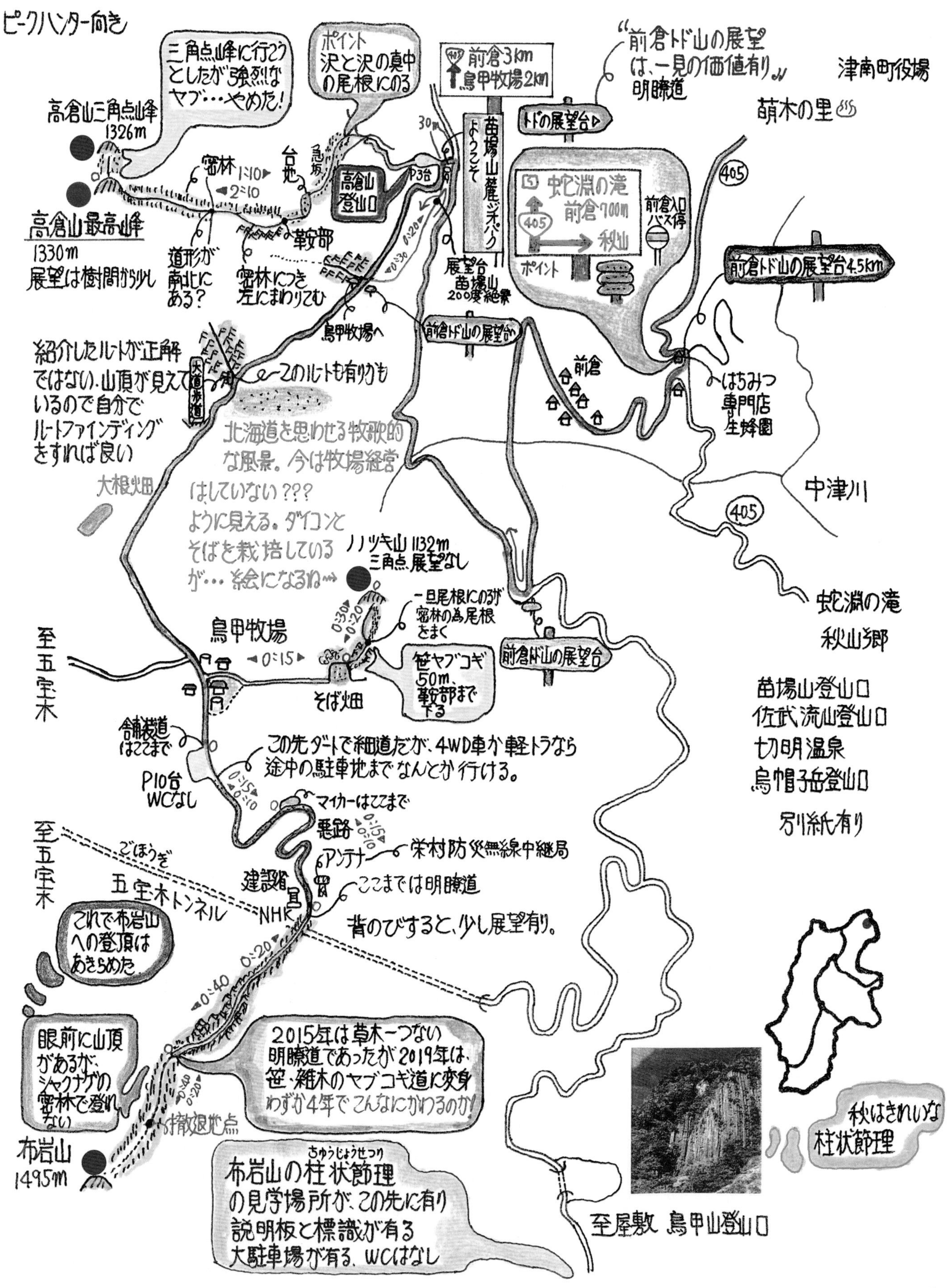

124 松ノ峰 まつのみね／1211m／往復3時間20分

栄村に有る山

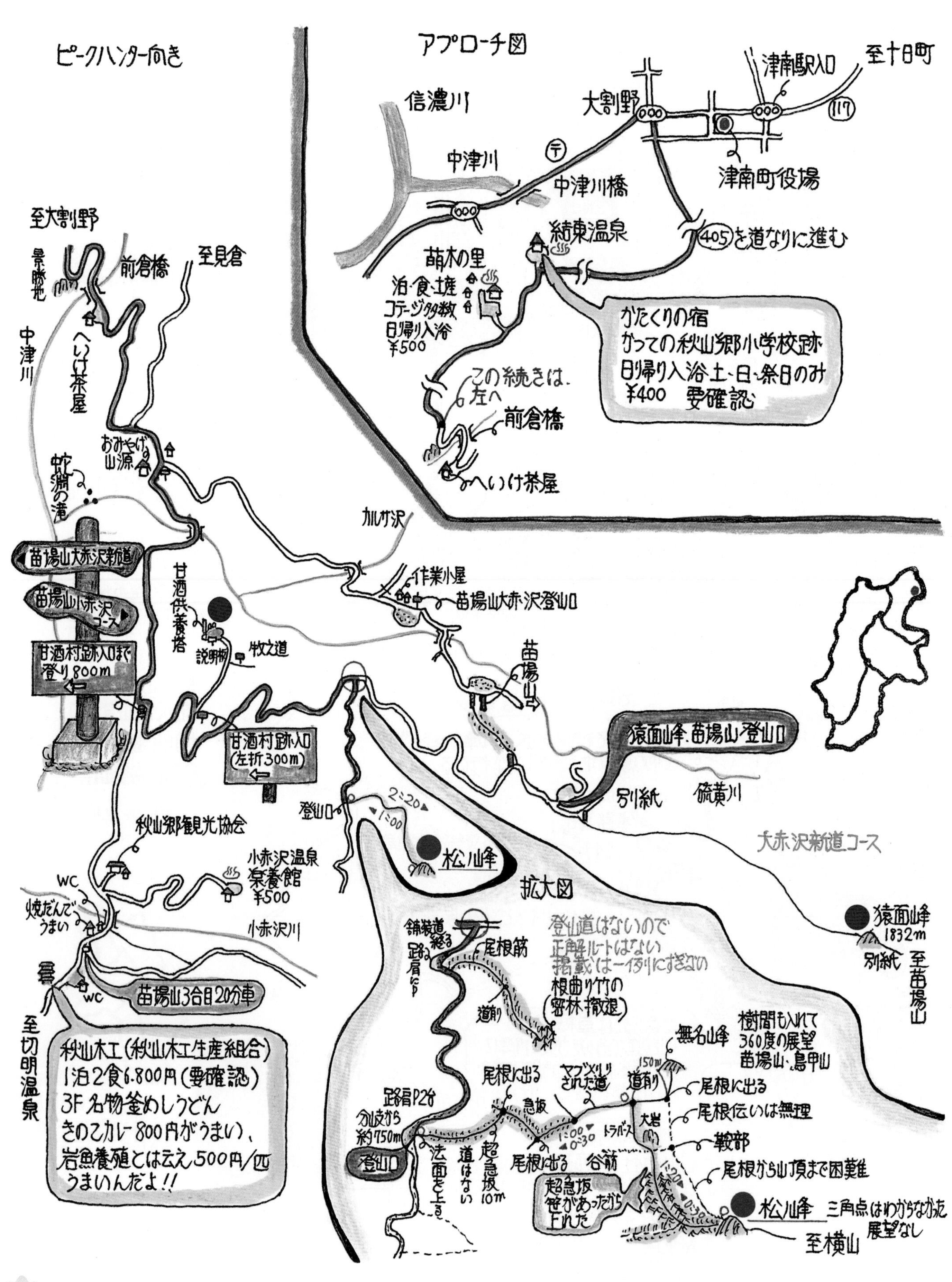

125 猿面峰 さるづらみね／1832m／往復4時間

栄村に有る山

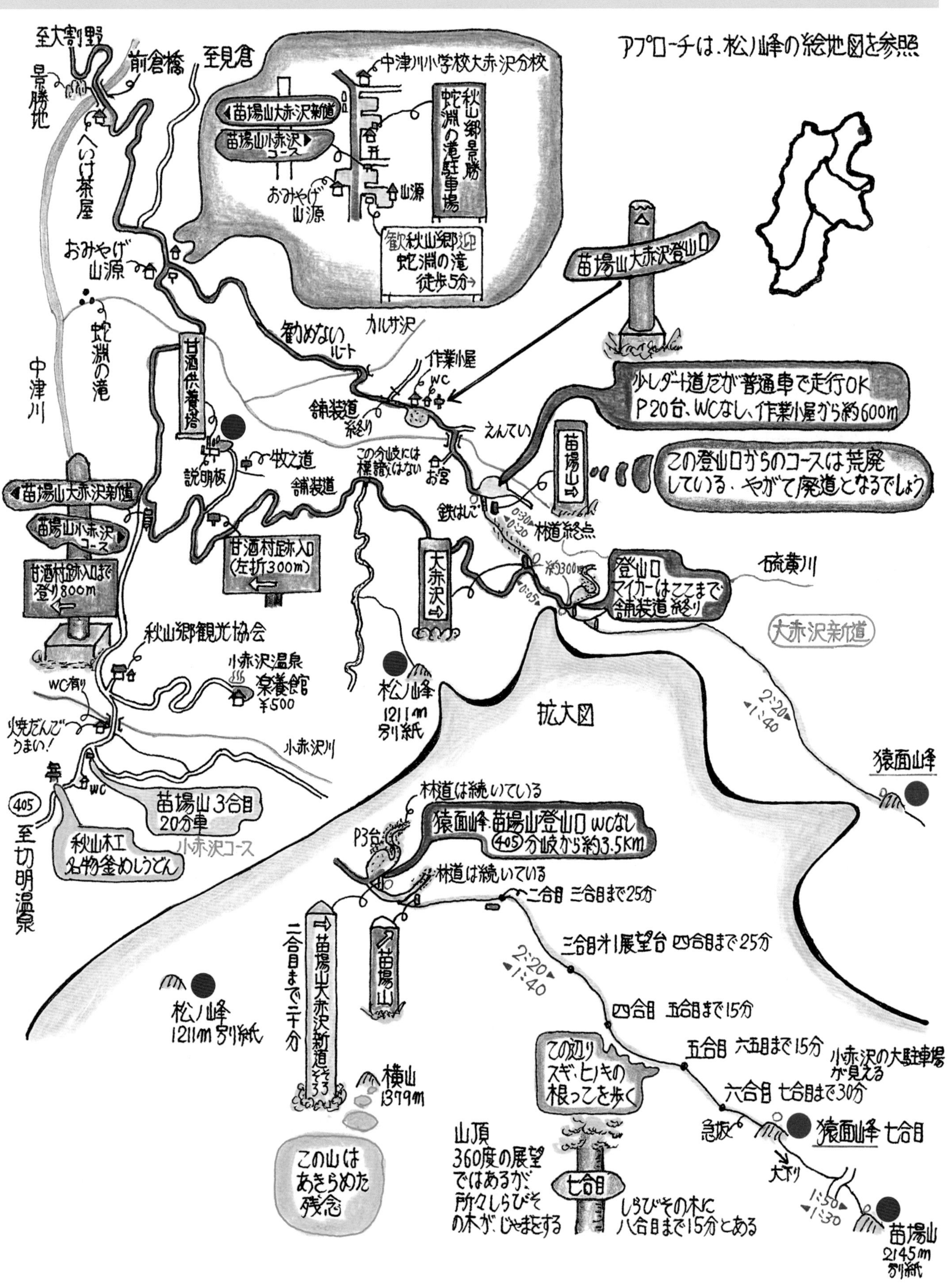

126 苗場山 なえばさん／2145m／往復6時間10分

栄村と新潟県津南町と湯沢町の境の山

127 赤倉山 あかくらやま／1938m／往復9時間10分

栄村と新潟県湯沢町の境の山

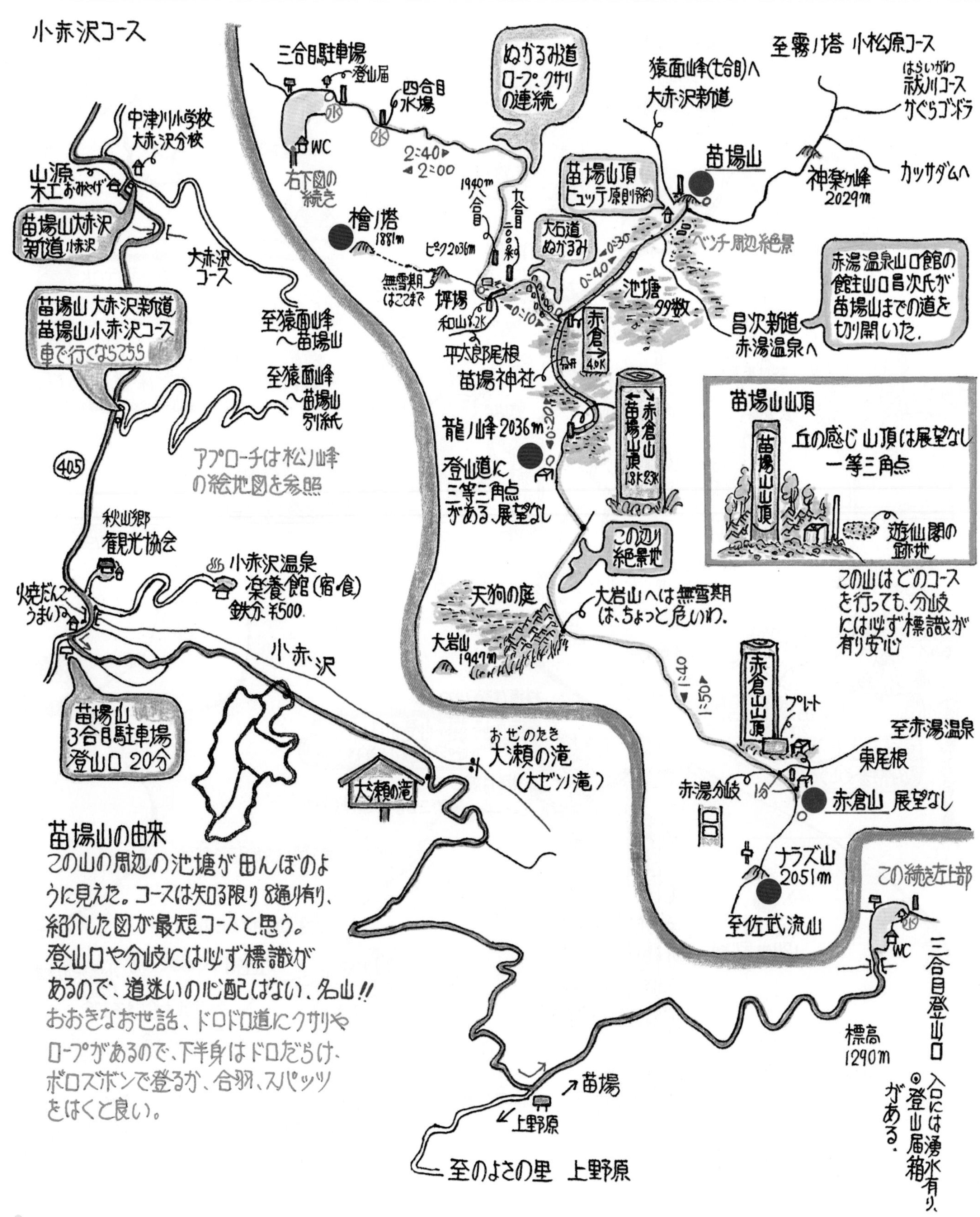

128 鳥甲山 とりかぶとやま／2037m／往復7時間30分

栄村に有る山

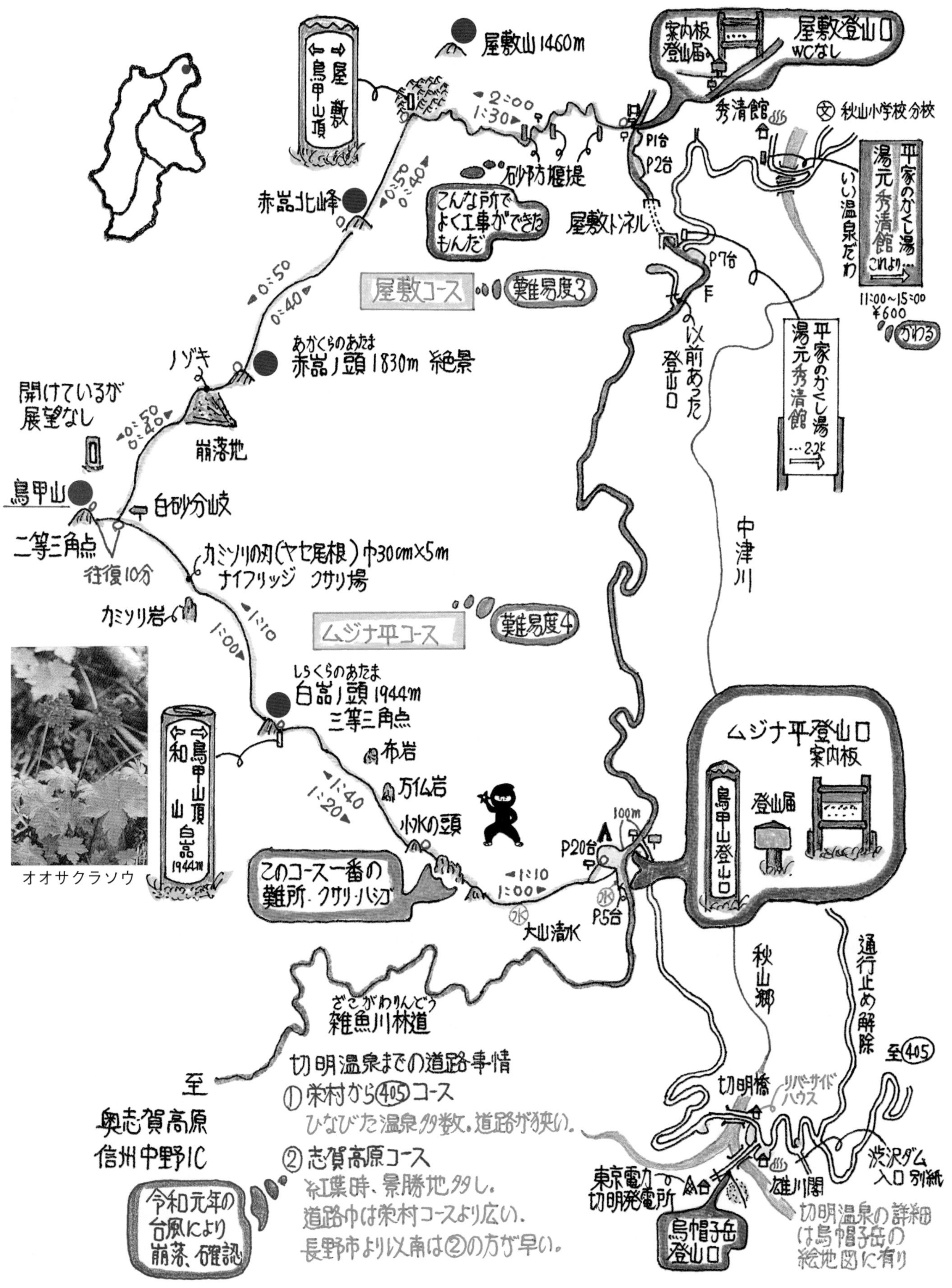

オオサクラソウ

129 佐武流山　さぶる(さぶりゅう)やま／2191m／往復10時間

栄村と新潟県湯沢町の境の山

初心者単独は無謀、熟達者向けの山…なぜか200名山になっている。

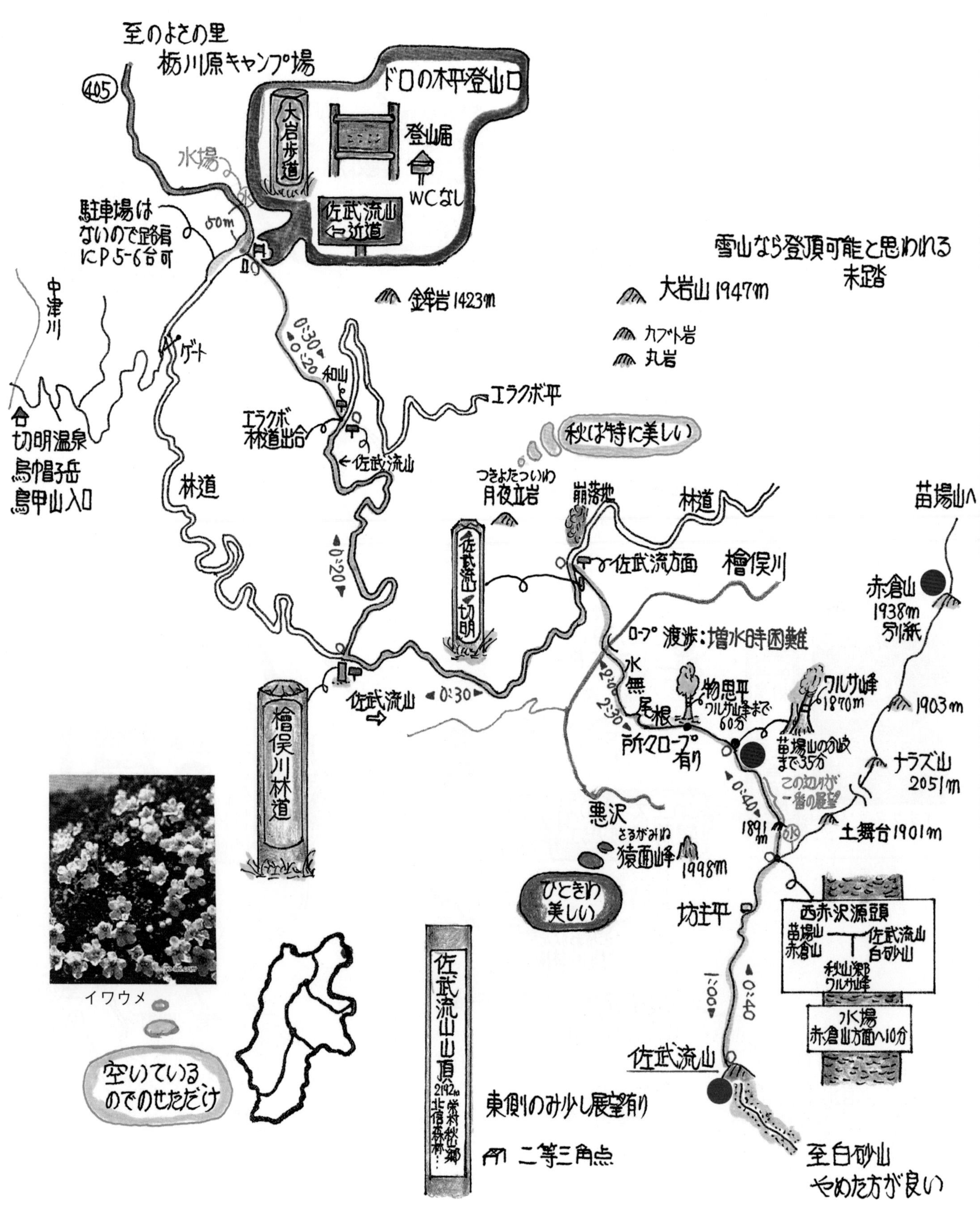

イワウメ

130 西大倉山 にしおおくらやま／1748m／往復9時間35分

栄村に有る山

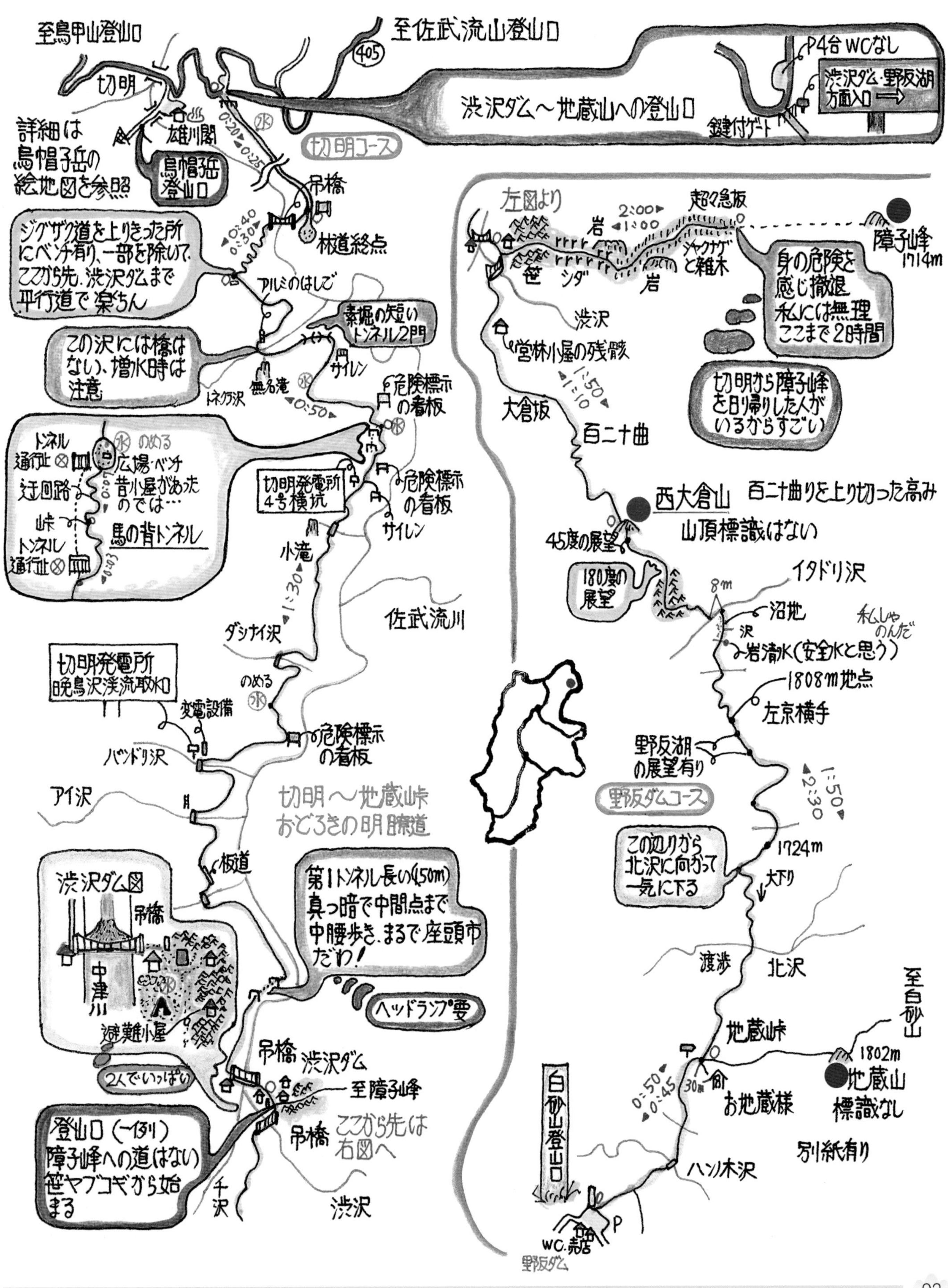

131 堂岩山　どういわやま／2051m／往復4時間45分

132 白砂山　しらすなやま／2139m／往復7時間15分

以上は、栄村と群馬県中之条町の境の山

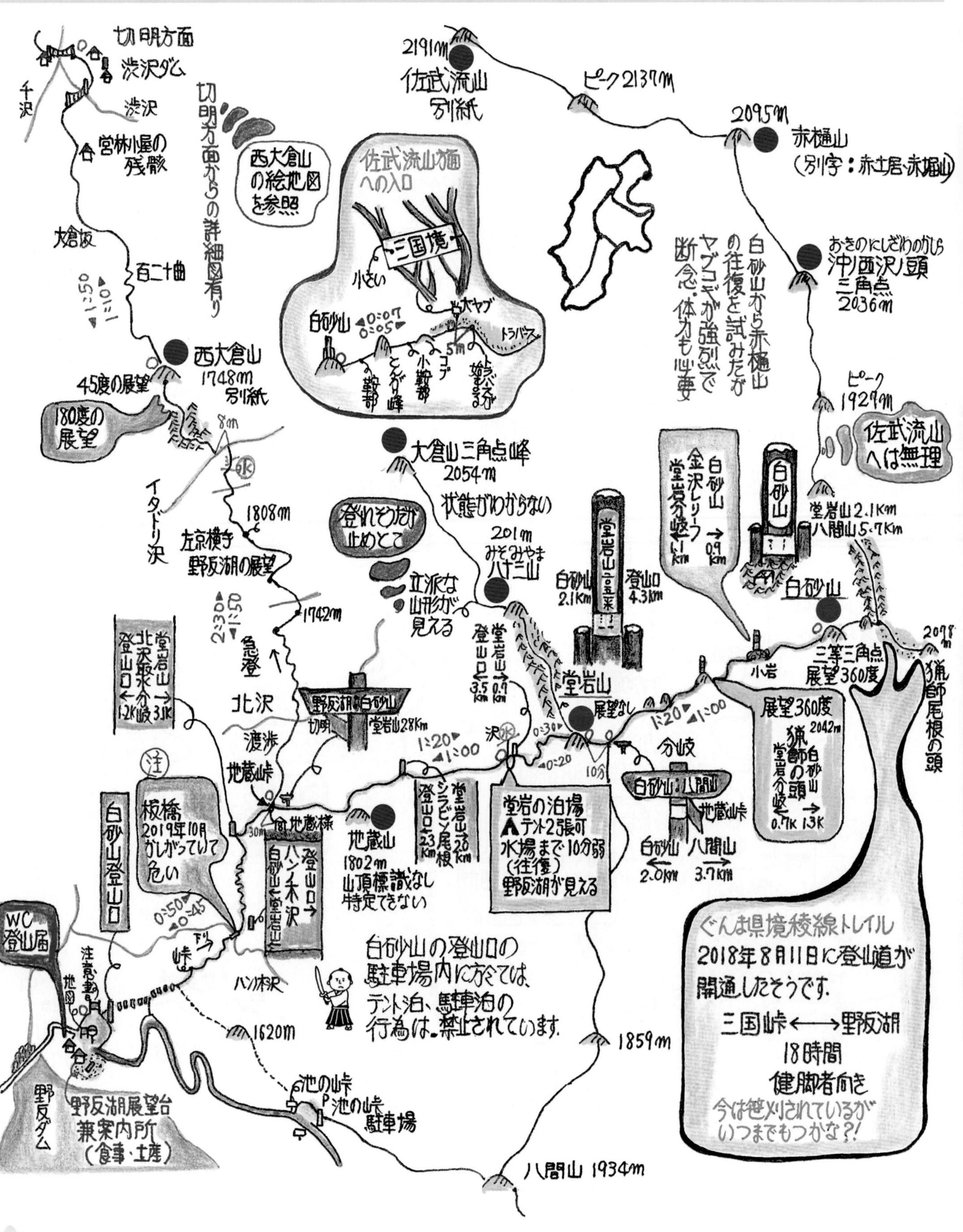

133 三壁山　みつかべやま／1974m／往復2時間20分

134 大高山　おおたかやま／2079m／往復5時間20分

以上は、山ノ内町と群馬県中之条町の境の山

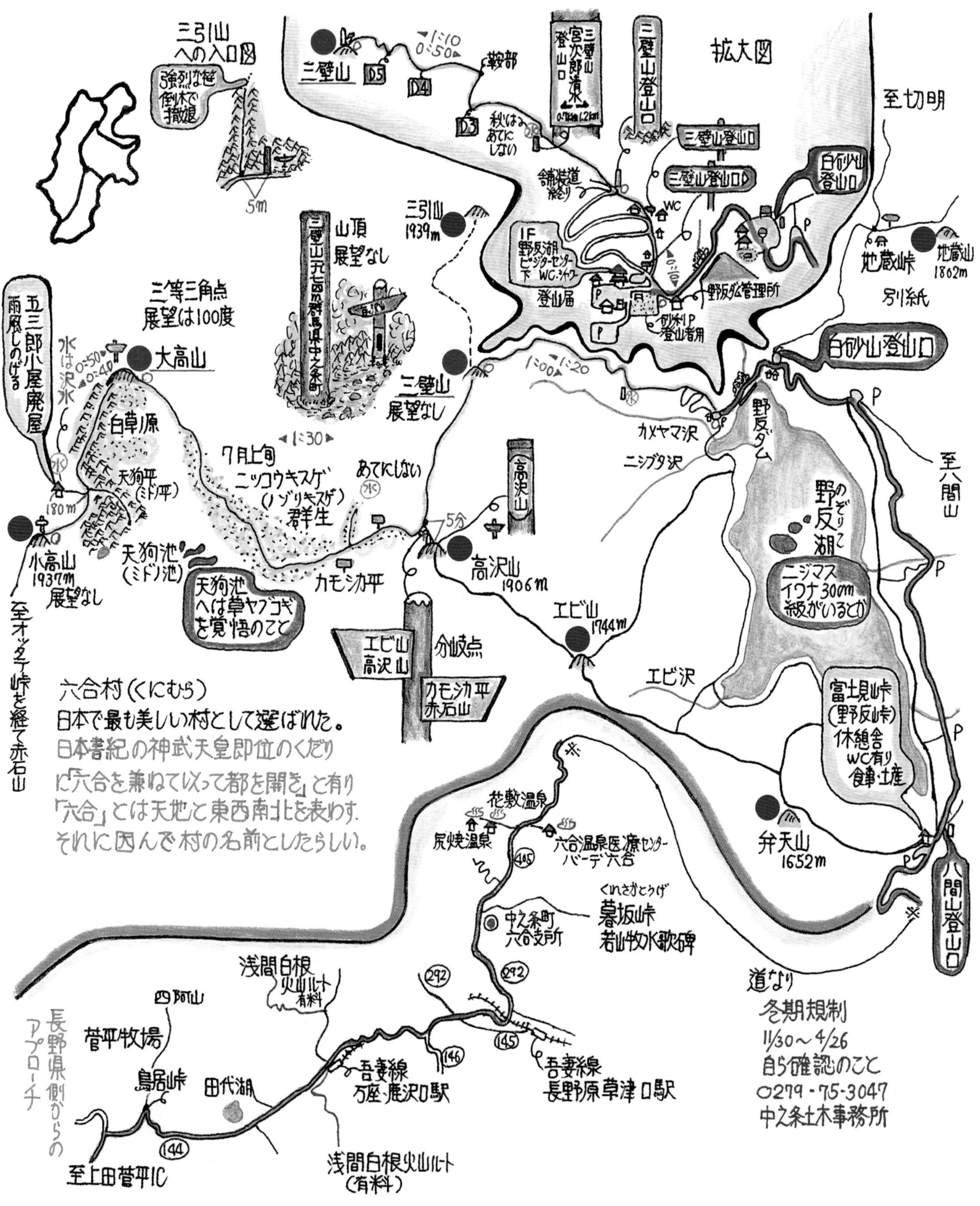

おわりに

計画していた信州の山の目標山だけは、一往登り終えました。頂きの掲載数は南部・中部・北部合わせて 1043 山です。

今回は、槍ヶ岳の北鎌尾根を除けば全て単独登山でした。登山の安全性から考えれば複数の登山が望ましいのですが、正確な絵地図を作成するために、地形やルートの確認・時間測定・写真・記録など全て自分で行いました。

シリーズ最後の発刊にあたり、小さなことですがやり終えた気持ちでいっぱいです。

今振り返れば、よく歩いて来たと自分をほめたい。ただこの老いていく足腰は、どうにもならない。もうテントをもって北アルプスの縦走はできないと思うと、とてもとても悲しく寂しい思いがします。

種田山頭火先生の言葉に、「分け入っても　分け入っても　青い山」とありますが、つらい山行を、楽しんでいる自分がいることに複雑な気持ちです。

深田久弥先生の言葉に、「山ありて、わが人生は楽し」「山へ行き　何をしてくる　山へ行きみしみし歩き　水を飲んでくる」「われ道の長く険しきを愛す」「青年よ、冒険的であれ」「暮らしは低く、志は高く」正に身をもって感じた次第です。

里山は特に登山だけでなく、周辺の神社仏閣・遺跡・文化財・郷土資料館等を見学し、日帰り温泉で入浴、ソウルフード・特産物を味わってこそ、「里山日帰り登山の楽しみ方」です。できる限りその情報を絵地図に掲載しました。ぜひ信州を楽しんで下さい。

私にとって本当に嬉しいのは、時々手紙やメールで頂く、この本は、わかりやすい、面白い、こんな絵地図のガイドブックが欲しかった等のありがたい感想です。

また坂城町の鳴海さんからは、山の情報や励ましの手紙を頂き、ありがとうございました。

出版にあたっては、アウトドアショップＫの木下さん、指導編集をしてくれた信毎書籍出版センターの小山さんとその編集スタッフの方々には、厚くお礼申し上げます。

山を知らない妻京子は、一番の良きアドバイザーでした。妻が理解できない表現は即修正で大いに助けられました。加えてよくぞ家を空けこんな金食い虫についてきてくれたと感謝しています。

出版が終わったら高知のカツオや博多のうどんに連れていく約束は、忘れてはいません。………と思ったら、新型コロナ感染で様子見です…新型コロナ感染は歴史に残る大事件です。

コロナ感染でストレスがたまると嘆いているより、こんな時こそ里山へのハイキングがチャンスです。三密にならず、マスクもせず、大きく息を吸ってのんびりするのが一番の薬です。

どこにしようか迷ったらこの本を大いに活用してください。

山は私の人生の師匠です。山から多くを学びました。有難う、有難う、感謝して、筆をおきます。

高社山とコスモス

信州の山　北部 下巻 134 山　索引

竜王パーク　ゴンドラ山頂

栄村切明中津川の吊橋

岩菅山からの御来光

宮坂七郎（みやさかしちろう） **著者略歴**

1946年（昭和21年）長野県岡谷市に生まれる。

長野県は教育課程で、中学生になると地元の代表的な山に、「集団登山」を実施します。

私の中学は八ヶ岳の天狗岳でした。嬉しくて楽しみで夜も眠れないくらい期待していましたが、生憎の悪天候と、体力、経験不足で散々な山行になり、とても残念でした。

本格的登山は20歳の頃、因縁の八ヶ岳をホームグランドに、ロッククライミング・アイスクライミング・冬山・山スキー・ロープワーク・救助等一通りの訓練をうけました。

日本アルプスのコースにこだわり、「昭文社」様の登山地図にある登山道は、全て歩きました。

39歳頃までは関東に居住していた為、新宿から中央線の夜行列車で松本、更に新島々駅から上高地入りし北アルプスを目指し、1年に10回位の登山を行いました。

40歳で故郷に戻り、その数年後登山口まで遠くても2～3時間圏内の好立地に引越して、山三昧の機会を得ました。

50歳の頃一度は「逍遥山河会」という山岳会を立ち上げ、リーダーとして、多数の老若男女を山に誘ったこともありました。

私の一番の思い出は、白馬岳2932mから雪倉岳～朝日岳～黒岩山～犬ヶ岳～日本海親不知0mまで3泊4日と移動日1日をかけた登山です。それは、登山技術の全てを試される山行でした。

現在は単独で山登りをしています。どこの山岳会にも属さず肩書もない、普通の登山家です。

著書 『信州の山　中信・南信221山』初版発行……2013年8月
『信州の山　北信・東信209山』初版発行……2013年8月
『新版信州の山　南部326山』発行……………2017年5月
『新版信州の山　中部上巻217山』発行………2018年8月
『新版信州の山　中部下巻181山』発行………2018年8月
『新版信州の山　北部上巻217山』発行………2021年4月
『新版信州の山　北部下巻134山』発行………2021年4月

信州の山　北部 下巻 134山

2021年4月20日発行

著　者　宮坂七郎
〒399-4501　伊那市西箕輪4230-116

発行所　信毎書籍出版センター
〒381-0037　長野市西和田1-30-3
TEL 026-243-2105　FAX 026-243-3494

印刷所　信毎書籍印刷株式会社

製本所　株式会社渋谷文泉閣

定価はカバーに表示してあります。万一落丁・乱丁がありました場合は、お取り替えします。

Ⓒ Shichiro Miyasaka 2021 Printed in Japan

ISBN978-4-88411-188-5

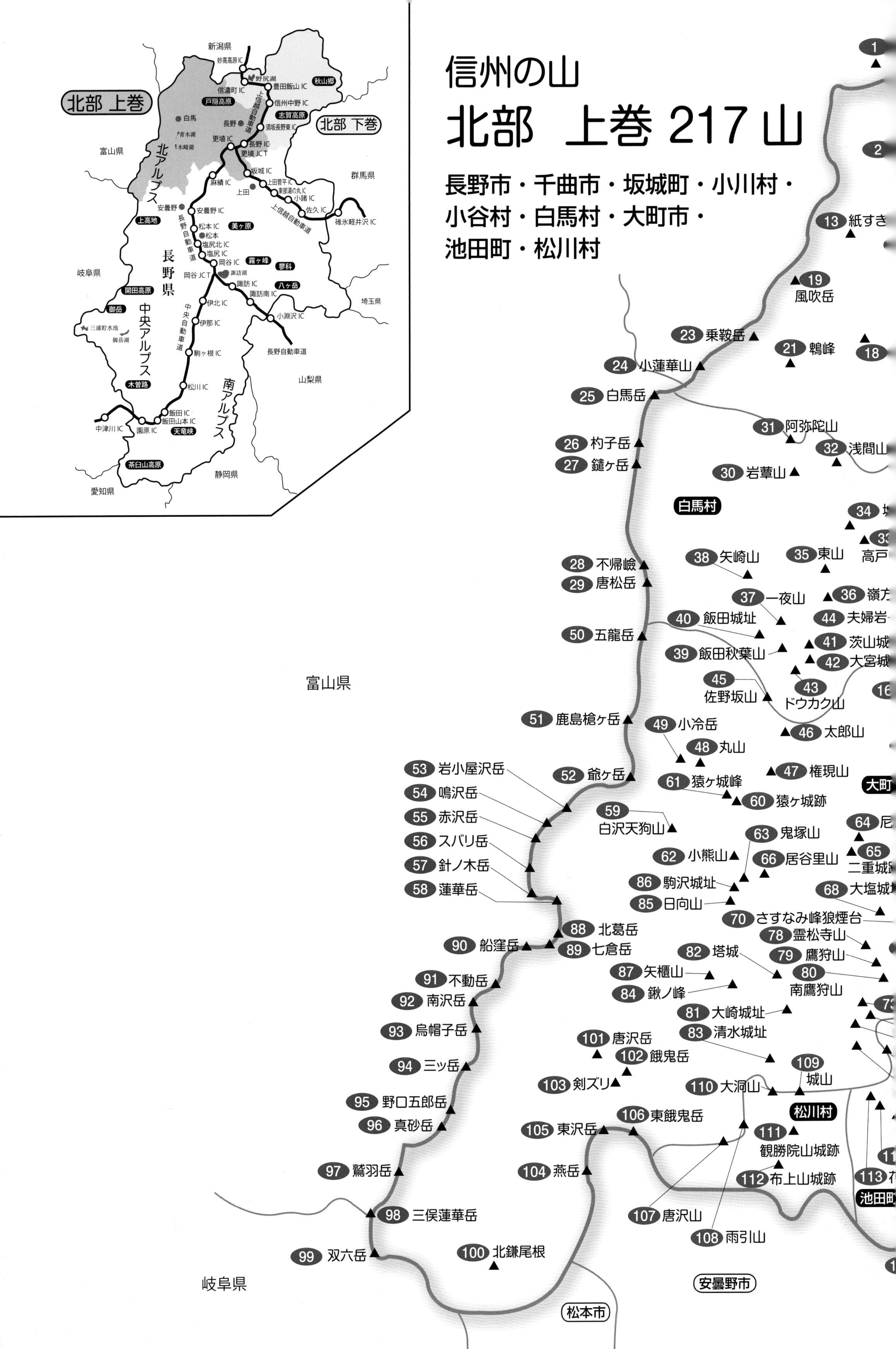

信州の山
北部　上巻 217 山
長野市・千曲市・坂城町・小川村・
小谷村・白馬村・大町市・
池田町・松川村
北部 上巻
北部 下巻
新潟県
富山県
群馬県
岐阜県
埼玉県
山梨県
静岡県
愛知県
長野県
北アルプス
中央アルプス
南アルプス
上信越自動車道
長野自動車道
中央自動車道
秋山郷
戸隠高原
志賀高原
上高地
美ヶ原
霧ヶ峰
蓼科
八ヶ岳
開田高原
御岳
木曽路
天竜峡
茶臼山高原
富山県
岐阜県
白馬村
松川村
安曇野市
松本市
1
2
13
19 風吹岳
23 乗鞍岳
21 鵯峰
18
24 小蓮華山
25 白馬岳
31 阿弥陀山
26 杓子岳
27 鑓ヶ岳
30 岩菅山
28 不帰嶮
29 唐松岳
38 矢崎山
35 東山
37 一夜山
36
40 飯田城址
44 夫婦岩
50 五龍岳
41
39 飯田秋葉山
42
45 佐野坂山
43 ドウカクビ山
51 鹿島槍ヶ岳
49 小冷岳
46 太郎山
48 丸山
53 岩小屋沢岳
52 爺ヶ岳
61 猿ヶ城峰
47 権現山
54 鳴沢岳
60 猿ヶ城跡
55 赤沢岳
59 白沢天狗山
56 スバリ岳
63 鬼塚山
64
62 小熊山
66 居谷里山
65
57 針ノ木岳
86 駒沢城址
58 蓮華岳
85 日向山
68
70 さすなみ峰狼煙台
88 北葛岳
78 霊松寺山
90 船窪岳
89 七倉岳
82 塔城
79 鷹狩山
87 矢櫃山
80 南鷹狩山
91 不動岳
84 鍬ノ峰
92 南沢岳
81 大崎城址
93 烏帽子岳
101 唐沢岳
83 清水城址
102 餓鬼岳
109 城山
94 三ッ岳
103 剣ズリ
110 大洞山
95 野口五郎岳
96 真砂岳
106 東餓鬼岳
105 東沢岳
111 観勝院山城跡
97 鷲羽岳
104 燕岳
113
112 布上山城跡
98 三俣蓮華岳
107 唐沢山
108 雨引山
99 双六岳
100 北鎌尾根